MARCO POLO

TIROL

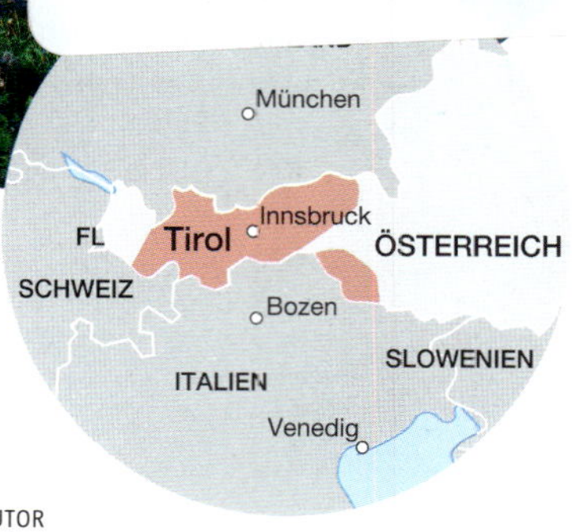

MARCO POLO KOAUTOR

Uwe Schwinghammer

Uwe Schwinghammer war 14 Jahre lang Redakteur einer großen österreichischen Tageszeitung, ehe er sich als Journalist und Fotograf selbstständig machte. Wiewohl er in Innsbruck geboren wurde und lebt, sieht er seine Heimat durchaus zuweilen kritisch. In seiner Freizeit betrachtet er sich Tirol als begeisterter Wanderer am liebsten von einem Berggipfel aus.

REIN INS ERLEBEN

Mit dem digitalen Service von MARCO POLO sind Sie noch unbeschwerter unterwegs: Auf den Erlebnistouren zielsicher von A nach B navigieren oder aktuelle Infos abrufen – das und mehr ist nur noch einen Fingertipp entfernt.

Hier geht's lang zu den digitalen Extras:

http://go.marcopolo.de/tir

Touren-App

Ganz einfach orientieren und jederzeit wissen, wo genau Sie gerade sind: Die praktische App zu den Erlebnistouren sorgt dank Offline-Karte und Navigation dafür, dass Sie immer auf dem richtigen Weg sind. Außerdem zeigen Nummern alle empfohlenen Aktivitäten, Genuss-, Kultur- und Shoppingtipps entlang der Tour an.

HTTP://GO.MARCOPOLO.DE/TIR

Update-Service

Immer auf dem neuesten Stand in Ihrer Destination sein: Der Online-Update-Service bietet Ihnen nicht nur aktuelle Tipps und Termine, sondern auch Änderungen von Öffnungszeiten, Preisen oder anderen Angaben zu den Reiseführerinhalten. Einfach als PDF ausdrucken oder für Smartphone, Tablet oder E-Reader herunterladen.

SYMBOLE

- INSIDER TIPP Insider-Tipp
- ★ Highlight
- ●●●● Best of ...
- Schöne Aussicht
- Grün & fair: für ökologische oder faire Aspekte
- (*) kostenpflichtige Telefonnummer

PREISKATEGORIEN HOTELS

€€€	über 120 Euro
€€	70–120 Euro
€	bis 70 Euro

Die Preise gelten für ein Doppelzimmer mit Frühstück in der Hauptsaison

PREISKATEGORIEN RESTAURANTS

€€€	über 30 Euro
€€	20–30 Euro
€	bis 20 Euro

Die Preise gelten für ein Essen mit Vor-, Haupt- und Nachspeise in der Hauptsaison

 Titelthemen: Aussichtsplattformen bei Sölden S. 71 | Durchs autofreie Kaisertal S. 54

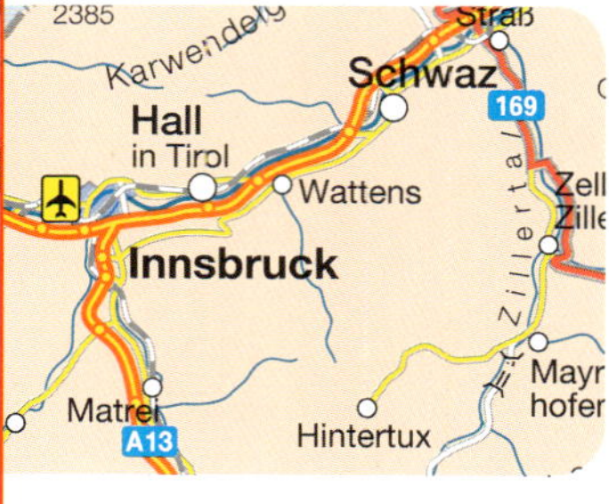

GUT ZU WISSEN

Geschichtstabelle → S. 14
Spezialitäten → S. 28
Bücher & Filme → S. 60
Die Geierwally → S. 68
Via Claudia Augusta → S. 71
Feiertage → S. 119
Wetter → S. 124
Was kostet wie viel? → S. 125

KARTEN IM BAND
(120 A1) Seitenzahlen und Koordinaten verweisen auf den Reiseatlas
(0) Ort/Adresse liegt außerhalb des Kartenausschnitts

(*A–B 2–3*) verweist auf die herausnehmbare Faltkarte
(*a–b 2–3*) verweist auf die Zusatzkarte auf der Faltkarte

UMSCHLAG VORN:
Die wichtigsten Highlights

UMSCHLAG HINTEN:
Cityplan von Innsbruck
(U A1) Koordinaten für den Cityplan

Die besten MARCO POLO Insider-Tipps

Von allen Insider-Tipps finden Sie hier die 15 besten

INSIDER TIPP Fruchtige Schnäpse, die runtergehen wie Öl
In der *Feindestillerie Kössler* im Brennereidorf Stanz wird die hohe Kunst des Schnapsbrennens zelebriert. Selbstverständlich gibt es den einen oder anderen guten Tropfen zu verkosten und zu kaufen → S. 67

INSIDER TIPP Farbklecks
Frische Farben überall, Essen mit Asia-Touch und relaxen in stylishem Ambiente: Das Hotel *Mountain & Soul* ist ein Muss (nicht nur) für junge Leute im Zillertal → S. 57

INSIDER TIPP Afrika trifft Tirol
Eine tolle Abwechslung zur traditionellen Kultur Tirols ist das *Haus der Völker* in Schwaz. Gezeigt werden Exponate zur Ritualkunst aus Afrika und Ostasien → S. 60

INSIDER TIPP Haus zum Gruseln
Noch mehr Rituale, diesmal heimische: Lassen Sie sich von den Fratzen im *Haus der Fasnacht* in Imst wohlige Angst einjagen → S. 62

INSIDER TIPP Kulturelles Kleinod
So haben Sie die Berge noch nie gesehen, wie auf den Landschaftsbildern im *Turmmuseum* in Oetz. Das versteckt liegende Haus ist eines der schönsten Museen des Landes → S. 71

INSIDER TIPP Naturschönheit
Die schönste Wanderung im ganzen Land führt an einer romantischen Felsenkapelle vorbei ins *Innergschlöß*, dem bezauberndsten Talschluss der Ostalpen → S. 82

INSIDER TIPP Heimliches Versteck
Eines der schönsten Enden der Welt liegt tief im Ötztal, mitsamt Bergpanorama und Hängebrücke: Kein Ort ist weiter ab vom Schuss als die *Rofenhöfe* → S. 70

INSIDER TIPP Bauernschmäh
Ziegenmilcheis und jede Menge Geschichten vom Leben auf dem Bauernhof: Wenn der *Ziegenhof-Peter* erzählt, bleibt kein Auge trocken → S. 89

INSIDER TIPP Die Lama-Alm

Auf der *Hinterhornalm* gibt's Lamas zum Streicheln, leckeres Essen und dazu einen tollen Ausblick auf das Inntal (Foto li.) → S. 47

INSIDER TIPP Bergwasser

Ein Ruderboot leihen und sich über das glasklare Wasser treiben lassen: Der schönste Gebirgssee im Land, der *Vilsalpsee*, lädt auch zum Fisch schlemmen, Wandern und Schwimmen ein (Foto u.) → S. 93

INSIDER TIPP Hauben-Bauernhof

In einem der besten Tiroler Gasthöfe, dem Bergbauernhof *Gannerhof* in Innervillgraten, werden Sie mit Gourmetküche verwöhnt. Die Osttiroler Schmankerln umweht ein Hauch Mediterranes → S. 82

INSIDER TIPP Natur pur

Was Krach macht, muss draußen bleiben: Im autofreien *Kaisertal* bleiben Sie vom Verkehrslärm völlig verschont. 285 Stufen führen ins stille Wanderparadies → S. 54

INSIDER TIPP Nepal-Gefühle

Als längste Hängebrücke der Welt im Nepal-Stil hat es die *Highline 179* sogar ins Guinness-Buch der Rekorde geschafft. Sie verbindet in der Burgenwelt Ehrenberg die Burgruine mit dem Fort Claudia. Nervenkitzel ist da garantiert → S. 91

INSIDER TIPP Tirol zum Kaufen

Ein Polo-Shirt mit dem Tiroler Wappen? Ein T-Shirt mit dem Schriftzug „Tiroler Madl"? Ein Rucksack im Retro-Look? Oder doch eher ein Heublumenbad für daheim? Im **Tirol Shop** gibt's jede Menge Produkte aus dem Land → S. 31

INSIDER TIPP Gelungenes vegetarisches Experiment

Es muss nicht immer nur Tiroler Speck sein. Ein echtes Novum ist *Chez Nico* in Innsbruck. Mit dem ersten vegatarischen Restaurant der Stadt ist Nico Curtil in Tirol sein größtes Risiko eingegangen – das Experiment überzeugt in jeder Hinsicht → S. 40

BEST OF ...

TOLLE ORTE ZUM NULLTARIF

Neues entdecken und den Geldbeutel schonen

SPAREN

Schlossgarten statt Museum

Mit 10 Euro kostet *Schloss Ambras* nicht wenig Eintritt. Aber Sie müssen ja nicht unbedingt das Museum besuchen: Zwischen Wäldern, Fischteichen, Wildgehegen und dem künstlichen Wasserfall des kostenfreien *Schlossgartens* wirkt die Renaissancefassade noch prachtvoller → S. 37

Die Erfindung der Nähmaschine

Die Tiroler sind echte Tüftler. Zum Beispiel hat einer von ihnen 1814 die Nähmaschine erfunden. Im gleichnamigen *Museum* in Kufstein erfahren Sie alles über diesen Geistesblitz → S. 52

Große Kunst

Albin Egger-Lienz gehört zu den bedeutendsten Künstlern Tirols, dessen Arbeiten sich normalerweise in Museen finden. Für alle frei zugänglich ist sein großer Gemäldezyklus über den Krieg in der *Kriegergedächtniskapelle* in Lienz, wo der Osttiroler auch begraben liegt → S. 79

Gänsehaut überm Wildwasser

Erleben Sie die tosende Macht des Wassers. Während die anderen tief eingeschnittenen Schluchten Tirols Eintritt kosten, ist die *Leutascher Geisterklamm* umsonst zu besichtigen – und dabei kein bisschen weniger spektakulär, 43 m über dem brodelnden Fluss (Foto) → S. 75

Bequemer Rückweg für müde Wanderer

Wandern im Lechtal, das sind wildromantische Touren am Fluss und in einem der schönsten Naturparks von Tirol. Damit Sie die Ausflüge genießen können und sich keine Gedanken über den Rückweg machen müssen, pendelt ein *Gratis-Wanderbus* durch das Tal → S. 92

Burgen, Schützen und ein toller Blick

Hinter den Mauern der *Burg Thierberg*, die Sie gratis besuchen können, verbirgt sich nicht nur ein spannendes Museum zur Geschichte der Thierberger Schützen. Auf dem Dach des Bergfrieds wartet vor allem ein Ausblick auf das Kaisergebirge und das Inntal, der seinesgleichen sucht → S. 52

Diese Punkte zeichnen in den folgenden Kapiteln die Best-of-Hinweise aus

TYPISCH TIROL
Das erleben Sie nur hier

Ein Schiff auf dem Berg
Eine Seefahrt, die ist – etwas ganz anderes, wenn sie auf über 2000 m Höhe stattfindet: Gehen Sie auf dem *Silvrettasee* an Bord des einzigen Motorschiffes, das in Europa in dieser Höhe unterwegs ist, und lassen Sie sich von der Tiroler Bergwelt berauschen (Foto) → S. 68

Zerbrechliche Glaskunst
Nicht nur, dass *Rattenberg* wahrscheinlich die verträumteste Stadt Tirols ist, hier können Sie auch den Glasbläsern bei ihrer Arbeit über die Schulter schauen. Und natürlich die traditionell hergestellten Kunstwerke für zu Hause kaufen → S. 59

Auf der Jagd mit Ötzi
Wie war das Leben eigentlich so in der Jungsteinzeit? Im *Ötzi-Dorf*, benannt nach der berühmten Gletschermumie, erfahren Sie hautnah, wie die „ersten" Tiroler jagten, aßen, wohnten, fischten, kochten, arbeiteten ... → S. 70

Festung mit Musik
Mehr als 800 Jahre ist sie alt, die *Festung Kufstein*. Schon die 26 000 m² große Anlage ist sehr eindrucksvoll, noch imposanter wirkt sie aber, wenn mittags die Heldenorgel, die größte Freiorgel der Welt mit 4300 Pfeifen, gespielt wird → S. 52

Die wichtigste Haflinger-Zucht der Welt
Wie Andreas Hofer hoch zu Ross: Schon der Volksheld ist auf einem der braunen Haflinger in die Schlacht geritten. Wenn Sie nicht selber reiten wollen, dann schauen Sie bei der Gestütsparade auf dem *Fohlenhof Ebbs* am Freitagabend zu → S. 54

Zeitreise in 800 m Tiefe
Die Schatzkammer der Fugger liegt tief in der Erde. Fahren Sie hinab ins *Schwazer Silberbergwerk* und erleben Sie, wie gefährlich die Arbeit unter Tage früher war – beim simulierten Wassereinbruch → S. 60

Panorama mit Bergriesen
Dem höchsten Berg Österreichs, dem 3798 m hohen Großglockner, kommen Sie auf dem *Europa-Panoramaweg* ganz nah. Er ist einer der rund 60 Dreitausender, den Sie auf der Wanderung sehen → S. 84

BEST OF ...

SCHÖN, AUCH WENN ES REGNET

Aktivitäten, die Laune machen

Heißes Eisen selber schmieden

Einen Glücksbringer können Sie sich in der *Riepler Schmiede* selbst gießen, in echt mittelalterlicher Atmosphäre → S. 78

Reise durch die Tiroler Geschichte

Während es draußen regnet, reisen Sie im modernen *Ferdinandeum* vom Keller bis in den 3. Stock durch die Geschichte des Landes Tirol → S. 39

Im Kopf des Riesen

Schon der Zugang zu den *Swarovski Kristallwelten* ist märchenhaft: Durch den Mund eines grasgrünen Riesen betreten Sie die Traumwelt phantastischer Installationen (Foto) → S. 47

REGEN

Hautnah das Mittelalter erleben

Alchimisten mixen Zaubertränke, in der Pestkammer klappern Knochen und aus Ihnen wird mit Helm und Rüstung ein Krieger. *Dem Ritter auf der Spur* heißt es in den Burgenwelten Ehrenberg → S. 91

Sport unterm Dach

Wenn tief hängende Wolken sportliche Betätigung in den Bergen unmöglich machen, steigen Sie um auf Indoor. Im *Sportpark Kitzbühel* können Sie Tennis spielen, klettern, eislaufen, curlen ... → S. 51

Keine Chance für Langeweile

Erst baden oder saunieren, dann mit Harry Potter Quidditch spielen: Zur Wellnesslandschaft im *Sport- und Kongresszentrum Seefeld* gehört auch ein modernes Kino → S. 75

Alles Käse!

In der *Erlebnissennerei Mayrhofen* erfahren Sie nicht nur, was Kuh und Käse genau verbindet. In der Sennereiküche gibt's nämlich Käsespezialitäten, im Ab-Hof-Verkauf Leckeres zum Mitnehmen → S. 55

ENTSPANNT ZURÜCKLEHNEN

Durchatmen, genießen und verwöhnen lassen

● *Traditionelle Badekunst*

Entspannen und kuren wie in alten Zeiten: Lehnen Sie sich in einem der Holzbottiche des fast 250 Jahre alten *Aigner Badl* zurück und lassen Sie das Kalziumsulfat-Wasser seine wohltuende Wirkung tun → S. 80

● *Bergauf schnaufen mit der Zahnradbahn*

Nein, Blumen dürfen Sie in der *Achensee-Zahnradbahn* während der Fahrt nicht pflücken. Sie dürfen den urgemütlichen Trip mit dem dampfbetriebenen Schnauferl aber in vollen Zügen genießen → S. 58

● *Schokoladentorte zum Dahinschmelzen*

In dem gemütlichen Tirol-Ableger des berühmten *Café Sacher* aus Wien schmilzt Ihnen die gleichnamige Schokoladentorte, die nach einem geheimen Rezept hergestellt wird, auf der Zunge → S. 36

● *Auszeit auf der Alm*

Auf der Alm gibt es bekanntlich koa Sünd' – aber herrlich viel Ruhe und Bergbauernromantik. Zumindest auf der *Oberstaller Alm:* In einer der rustikalen, 300 Jahre alten Holzhütten können Sie die Welt außerhalb der Berge getrost vergessen → S. 82

● *TV-Programm? Nein danke!*

Im *Spiele- und Buchhotel Tschitscher* in Nikolsdorf genießen Sie einen fernsehfreien Urlaub. Dafür schmökern Sie in den Büchern des Hauses und wählen aus 250 Brett- und Kartenspielen → S. 81

● *Wellness wie im alten Rom*

In der Saunalandschaft der *Wörgler Wasserwelten* geht es Ihnen gut wie den alten Römern, etwa im Circus Maximus, der wohl größten Saunakabine der Welt. Oder in warmer Sole aus dem Toten Meer. Oder ... → S. 54

● *Innsbruck bei Nacht*

Phantastisch ist der Rundblick über das nächtliche Innsbruck im – nomen est omen – *360 Grad*. Zurücklehnen und in der eleganten Lounge beste Weine genießen (Foto) → S. 41

AUFTAKT

ENTDECKEN SIE TIROL!

Am Anfang steht – der Berg. Die Gipfel der Stubaier Alpen, die schroffen Wände der Dolomiten, das Karwendel, die Ötztaler Alpen, das Großglocknermassiv, das Kaisergebirge, die Lechtaler Alpen: Sie sind das erste, was Besucher wahrnehmen, schon von Weitem, noch bevor sie überhaupt in Tirol angekommen sind. Die Berge sind es, die von Anfang an das Schicksal Tirols bestimmt haben, sie wurden zum größten Kapital des Landes und seiner Einwohner. Der Tiroler liebt seine Berge, es gibt kaum einen Einheimischen, der nicht stolz auf die Massive ist, die ihn umgeben. Im Sommer geht er ***wandern***, im Winter ***Skifahren oder Snowboarden***: Der Tiroler braucht das, er spricht oft von einem Wechsel der Perspektive, der sich dann einstellt, wenn er die Welt vom Gipfel aus betrachtet.

Zuerst waren es die Bodenschätze, die für Reichtum sorgten: Ab dem 13. Jh. wurde ***Salz*** im Halltal abgebaut, rund zweieinhalb Jahrhunderte später ***Silber***, etwa in Schwaz oder bei Kitzbühel. Das Edelmetall wurde zu Münzen für ganz Europa verarbeitet. Als sich die Vorkommen erschöpften, waren es wieder die Berge, die den Weg des Landes vorgaben: Schon um 1850 kamen die ersten ***Touristen*** ins Tiroler Unterland, nach Kitzbühel und ins Zillertal. In den letzten 160 Jahren folgten Millionen Gäs-

Bild: Alpenpark Karwendel

Mit dem Mountainbike im Paznauntal: Radeln vor grandioser Kulisse

te. Ihre Wünsche haben Tirol gezwungen, sich ständig zu erneuern – allerdings nicht immer und überall so erfolgreich wie etwa in ***Innsbruck***. Die Stadt setzt seit ein paar Jahren auf frischen Wind durch internationale Architekten: auf die britisch-irakische Visionärin Zaha Hadid, die die neue Sprungschanze und die Bahn auf die Hungerburg gestaltete, oder auf den Briten David Chipperfield, der dem Kaufhaus Tyrol und damit der wichtigsten Einkaufsstraße in Innsbruck 2010 ein neues Gesicht verpasst hat.

Heute ist der Tourismus die zweitgrößte Einnahmequelle nach der Industrie, die vor allem im Tiroler Unterland angesiedelt ist: Swarovski Kristall und Optik, der Gasmotorenbauer GE Jenbacher oder der Pharma-Riese Sandoz sind ein paar der be-

ca. 3000 v. Chr.
Der als Ötzi bekannte Jäger aus der Steinzeit stirbt in den Ötztaler Alpen

15 v. Chr.
Die Römer erobern die Alpen und gründen Aguntum im heutigen Lienz und Veldidena in Innsbruck

6. Jh.
Der Stamm der Bajuwaren besiedelt Tirol, bis 1027 gehört Tirol zu Bayern

12. Jh.
Die Grafen von Tirol gründen die Grafschaft Tirol

1363
Die letzte Gräfin von Tirol, Margarethe Maultasch, übergibt das Land an die Habsburger

kanntesten Betriebe des Landes. 10 Mio. Touristen sind es, die pro Jahr kommen, der größte Teil aus Deutschland: Tirol liegt nah, und die Sprachen sind ähnlich. Denn die Tiroler, bekannt für ihren kehligen Dialekt, sind durchaus des Hochdeutschen mächtig – wenn sie sich Mühe geben. Keine Mühe dagegen müssen sich die ***Berge*** geben: Sie sind da und sie sind attraktiv. 24 000 km Wanderwegen stehen 3500 km Skipiste gegenüber, eine Strecke, die von Oslo bis nach Sizilien reichen würde, dazu kommen 250 Rodelbahnen. Und wem das immer noch zu wenig Adrenalinschub ist, der kann die Berge, die Gipfel, Grate und Täler auf viele andere Arten sportlich angehen: ***Raften, Paragliden, Mountainbiken, Klettern, Canyoning*** – alles natürlich unter fachkundiger Anleitung. Neben der Action in den Bergen hat sich ein reichhaltiges Kulturprogramm etabliert. Der „Innsbrucker Tanzsommer" lockt jedes Jahr zahlreiche Besucher ins Land, das Straßenfest in Lienz ist eins der größten Festivals für Straßenkünstler weltweit, das „Festival der Träume" lädt die besten Clowns nach Tirol und natürlich gibt es auch ein Filmfestival in St. Anton, bei dem – wie soll es auch anders sein – die Berge im Mittelpunkt stehen.

Im Sommer wandern, im Winter Ski fahren

Die Landwirtschaft hat heute, im internationalen aber auch im österreichischen Vergleich, nur noch geringen wirtschaftlichen Stellenwert. Für das Selbstverständnis der Tiroler ist der Bauer jedoch von enormer Bedeutung. Er gilt seit jeher als Beschützer

Um 1500 Kaiser Maximilian I. kauft Tirol von Siegmund dem Münzreichen; Innsbruck wird Zentrum des Reichs

1703 Spanischer Erbfolgekrieg: Die Bayern werden aus Tirol zurückgedrängt

1809 Tiroler Freiheitskampf unter Andreas Hofer

1858 Eisenbahn bis Innsbruck

1919 Frieden von St. Germain: Südtirol wird italienisch

1938 Reichsgau Tirol-Vorarlberg unter Hitler-Deutschland

der Natur und als Symbol für Freiheit. Öfters wurde versucht, diese Freiheit zu beschränken. Doch die **Tiroler Bauern** wehrten sich stets. So wurde – nötigenfalls auch mit Sensen und Dreschflegeln – gegen die einfallenden Bayern gekämpft. Dreimal gelang es 1809 den Tiroler Schützen unter **Andreas Hofer**, das übermächtige Bayernheer zu schlagen. Beim vierten Mal mussten sie sich dem Zeitalter der Aufklärung, das mit den Bayern Einzug halten sollte, geschlagen geben. Und der Mythos um „den Hofer" lebt bis heute. Zu allen passenden und unpassenden Gelegenheiten wird der **Freiheitskampf** bemüht. Kaum ein Tourist, der nicht früher oder später auf Erinnerungen an diese Zeit stößt: Egal, ob Hofers Mitstreiter Josef Speckbacher in Bronze mit gezogenem Säbel über einen Kreisverkehr in Hall wacht, zwei Bewaffnete am Eingang der Innsbrucker Altstadt Ausschau nach dem Feind halten, oder man sich durch Straßen mit den Namen der „Freiheitshelden" Pater Haspinger, Kajetan Sweth oder Rupert Wintersteller bewegt.

Als Revoluzzer im Geiste Hofers sehen sich auch heute noch manche Menschen im Land. Etwa jene, die gegen die Blechlawinen kämpfen, die sich durch Tirol wälzen. Die Strecke von Kufstein über den **Brennerpass** ist mit 1374 m die niedrigste und damit die günstigste Überquerung der Ostalpen. Diese Brückenfunktion nutzen jährlich ca. 2 Mio. Lkw und 11 Mio. Pkw und sorgen für Gesundheits- und Umweltbelastungen, ganz abgesehen vom konstanten Lärmteppich, der über den engen Tälern liegt. Immer wieder blockierten Anrainer deswegen die Autobahn. Linderung soll in Zukunft ein Tunnel für Güterzüge schaffen, der für Milliarden Euro von Volders in Nordtirol bis Franzensfeste in Südtirol gegraben wird.

Andreas Hofers Erbe: Der Kampfwille der Tiroler ist ungebrochen

Ihrer Kämpfernatur wegen werden die Tiroler gern als „Sturschädel" bezeichnet. Stolz – sagen manche – wäre wohl der bessere Ausdruck. Neben Stolz (oder Sturheit) gehören **Wärme und Herzlichkeit** zum Tiroler Naturell. Man darf sich also nicht wundern, wenn man von einem wildfremden Menschen mit dem vertraulichen Du angesprochen wird. Wobei es mentalitätsmäßig zwischen den Bewohnern der engen Täler des Oberlandes und jenen der lieblicheren Landschaften des Unterlandes einen Unterschied gibt: Nicht umsonst lautet ein gängiger Spruch, dass im Unterland ein

1964 und 1976 Gleich zwei Mal ist Innsbruck Austragungsort der Olympischen Winterspiele

1967–78 Arlbergtunnel, Felbertauern- und Brennerautobahn werden gebaut

1995 Österreich tritt der EU bei, Tirol stöhnt unter dem Nord-Süd-Transit

2008 Innsbruck ist u. a. Austragungsort der Fußball-Europameisterschaft

2012 In Innsbruck, Seefeld und Kühtai finden die 1. Olympischen Jugend-Winterspiele statt

So sehen glückliche Kühe aus: Sommer auf den Almwiesen Tirols

Begräbnis lustiger sei als im Oberland eine Hochzeit. Freilich ein Klischee, aber eines mit einem Körnchen Wahrheit.

Tirol zählt heute etwa 720 000 Einwohner und liegt mit 12 650 km^2 flächenmäßig an dritter Stelle der österreichischen Bundesländer, nach Niederösterreich und der Steiermark. Eigentlich wäre es ja das größte der österreichischen Länder, doch durch den Friedensvertrag von St. Germain nach dem Ersten Weltkrieg im Jahr 1919 wurde Tirol zerrissen: Süd- und Welschtirol (das heutige Trentino), kamen zu Italien, Nord- und Osttirol, die nicht aneinandergrenzen, blieben bei Österreich. Die Siegermächte zogen die neue Grenze entlang der Pässe des Alpenhauptkamms. Wieder waren es die Berge, die Tirols Schicksal beeinflussten. Seit dem Beitritt zur EU 1995 arbeiten Tirol und ***Südtirol*** jedoch daran, die Grenze vergessen zu machen.

Ein Naturraum einzigartiger Schönheit

Die Berge waren also – mal gewollt, mal ungewollt – über Jahrhunderte verantwortlich für den Weg, den Tirol gegangen ist. Darum ist es für die Gäste Pflicht, neben dem Besuch all der wunderbaren Sehenswürdigkeiten in den Städten und Tälern, den einen oder anderen Ausflug in die Höhe zu machen. Abgesehen davon, dass das Gebirge ein Naturraum einzigartiger Schönheit ist: Um Tirol und seine Bewohner zu verstehen, führt am Berg kein Weg vorbei.

IM TREND

1 Zartbitter bis süß

Nur die Bohne Hansjörg Haag lässt Schokoträume wahr werden. Der Chocolatier verwendet solch exquisite Zutaten wie Bio-Frischrahm, Almrosenhonig und Tiroler Bergminze für seine Kreationen *(www.tiroleredle.at)*. Kaufen können Sie die Tafeln in Innsbruck etwa bei *Süßwaren Rajsigl (Maria-Theresien-Str. 18)*. Einheimische Zutaten kommen auch bei *Zotter (im Einkaufszentrum DEZ | Amraser-See-Str. 56a | Innsbruck) (Foto)* in den Conche-Behälter.

Kultur-Genuss 2

Gastrotheater Leib und Seele kommen im *Zum Löwen (Barwies 245 | Mieming)* auf ihre Kosten. Denn dort gibt es Wirtshauskost und Kabarett *(Foto)*. Das *Hotel Tipotsch (Dorfstr. 30 | Stumm im Zillertal)* setzt ebenfalls auf Kulinarik und Kultur. Das „Theatermenü" wechselt ständig. Im *Gastrotheater (www.gastrotheater.at)* muss man nicht auf die Pause warten, um sich zu stärken. Gezeigt werden Krimis aber auch ein „Physik-Dinner" mit Molekularküche.

Spaß und Sport 3

Funevents Zuschauen oder mitmachen? In Tirol gibt es reihenweise Sport-Veranstaltung, die auch die Lachmuskeln trainieren. Das *Jump & Freeze (www.jumpandfreeze.com)* lockt jedes Jahr Wagemutige nach Westendorf. Mit skurrilen Gefährten geht es die Piste runter. Die Fahrt endet mit einem Sprung ins Wasserbecken. Bei der *Internationalen Blasmusik-Skimeisterschaft* in Wildschönau kommt zusammen was zusammengehört: Musik und Sport *(www.musikkapelle-muehltal.at)*. Eine WM gibt es im Klumpern – aber auch ohne Wettstreit ist eine Fahrt auf dem Klumper (einkufiger Schlitten) den ganzen Winter über ein Spaß *(www.klumper.at) (Foto)*.

In Tirol gibt es viel Neues zu entdecken. Das Spannendste auf diesen Seiten

Tiefenrausch & Gipfelglück

4

Bergseetauchen Auch ohne Meerzugang herrschen in Tirol beste Tauchbedingungen. Das klare Wasser der Bergseen macht den Tauchgang zu einem Erlebnis. Die *Tauchschule am Urisee (Urisee 6 | Reutte)* nutzt die guten Bedingungen ihres „Haussees". Eindrucksvoll sind die unter Wasser stehenden Bäume, die vor allem bei Nachttauchgängen ein spektakuläres Bild abgeben. Eines der beliebtesten Tauchreviere ist der Achensee. Auch weil bei Hechenberg zwei VW Käfer auf dem Seegrund liegen. *Get Wet (Embach 116 | Angerberg)* organisiert die Tauchgänge. Auch im Winter müssen Taucher nicht pausieren. Dieter Kuchling hat sich auf Tauchgänge unter dem Eis spezialisiert und nimmt geübte Sportler mit *(www.tauchen-in-tirol.at) (Foto)*.

Design-Hingucker

5

Architektonische Sehenswürdigkeiten entdecken! Mit dem Tool *architek[tour] tirol* navigieren Sie von einem zeitgenössischen Bauwerk zum nächsten *(www.aut.cc)*. Die Tour führt Sie nicht nur zu den staatlichen Bauten, sondern auch zu sehenswerten Privathäusern und Unternehmen. Von Raimund Rainer stammt der spektakuläre Markt der Supermarktkette *M-Preis (Dorfstr. 153 | Sölden | www.mpreis.at)* auf 1400 m Höhe über einer Felsschlucht in Sölden *(Foto)*. Einen Abstecher wert sind auch andere Filialen. Dem Veranstaltungszentrum *Forum (Rathausplatz 1 | Rum)* gelingt der Spagat zwischen Ästhetik und Funktionalität. Besonderheit der Halle ist die hinter der Bühne versenkbare Glasfront. So können vor dem Gebäude auch Openair-Veranstaltungen stattfinden.

FAKTEN, MENSCHEN & NEWS

ALM

Die Alm – in Westtirol auch Alpe – bezeichnet Bergweiden, auf denen Kühe, Schafe und anderes Vieh den Sommer verbringen. Im touristischen Sinne ist die Alm natürlich jener Ort, an dem es am Ende einer Wander- oder Biketour eine Jause, ein Bier und ein Schnapserl gibt. Doch kehren wir zurück zur landwirtschaftlichen Bedeutung: Im Frühsommer (Mai bis Ende Juni, je nach Höhenlage) findet der Almauftrieb statt. Heutzutage werden die Tiere meist relativ unspektakulär im Viehtransporter auf die Bergweiden gebracht. Ganz anders ist das dagegen beim sehenswerten Schauspiel der Wanderweidewirtschaft (Transhumanz): Dabei werden alljährlich Hunderte Schafe vom Südtiroler Schnalstal über das Hochjoch und den Gletscher ins Nordtiroler Ötztal auf die Weide getrieben. Überall feierlich begangen wird im September der Almabtrieb, wenn die Tiere bunt geschmückt wieder ins Tal gebracht werden.

BOLLYWOOD

Die größte Filmindustrie der Welt ist nicht etwa Hollywood, sondern das asiatische Pendant Bollywood – eine Wortkreation, zusammengestückelt aus der indischen Stadt Bombay und Hollywood. Und Bollywood hat sich in Tirol verliebt. Vor allem für die Traumszenen – in denen der Held seine Angebetete schon im Arm hält, während er im Film noch allerhand Abenteuer zu bewältigen hat – ist die Bergwelt hervorragend als Kulisse geeig-

 Bild: Kufsteiner Bauernhaus im Kaisergebirge

Warum werden die Tiroler bei Föhn grantig? Wer hat die Schreibmaschine erfunden? Und wieso lieben Inder die Schneeberge Tirols?

net. Denn die Phantasiesequenzen spielen sich oft an für Inder exotischen Orten ab, und dafür wurde in den vergangenen Jahren immer öfter Tirol ausgewählt. In Indien gelten die schneeverwehten Berge und die saftig grünen Täler als besonders reizvoll. Mehr als 60 indische Filmproduktionen wurden deshalb schon teilweise in Tirol gedreht. Eine der bisher größten indischen Produktionen war „Yuvraaj". Fast zwei Monate lang drehten die Superstars Salman Khan, Anil Kapoor und Katrina Kaif in Innsbruck, Wattens, Kufstein, im Alpbach- und im Stubaital. Insgesamt werden jedes Jahr mehr als 1000 Spielfilme in der Bollywood-Traumfabrik produziert. Gemeinsamkeiten gibt es in fast allen Produktionen: Sie sind farbenprächtig, es wird getanzt und gesungen und die Handlung dreht sich oft um Liebe.

Die vielen Filme haben auch dazu geführt, dass mehr Inder nach Tirol in den Urlaub fahren: Inzwischen sind es fast 50 000 pro Jahr, die sich von der Kulisse Tirols anlocken lassen.

DIALEKT

Der Tiroler Dialekt ist hart. Einige Laute – vor allem *k* und *ch* – werden kehlig ausgesprochen, es entsteht das typische Krachen. Außerdem wird *sch* gern dort gesprochen, wo eigentlich ein *s* hingehört. Jedes Tal hat seinen eigenen Dialekt. Das Außerfern ist ein Sonderfall und teilt sich in zwei Regionen: Die Zugspitzarena bis Reutte wurde von Imst her besiedelt, die Aussprache ist ein raues Oberländlerisch. Das Lechtal jedoch besiedelten zuerst die Alemannen, die Aussprache ist deswegen mit dem Schweizerischen verwandt. Im Paznauntal verhält es sich ähnlich, überhaupt ist im Westen Tirols der Übergang zum Schweizerdeutsch überall zu erkennen.

Auch wenn die Tiroler in anderen Regionen Österreichs wegen ihrer Aussprache gern auf den Arm genommen werden: In Tirol ist man stolz auf dieses Unterscheidungsmerkmal zu den anderen Bundesländern. Zahlreiche Mundartdichter, darunter Hans Haid als einer der berühmtesten, haben mit ihren Werken Erfolg. Die Gruppe „Bluatschink" aus dem Außerfern stürmte mit mundartlichen Songs sogar die österreichischen Hitparaden, obwohl sie im Rest des Landes gar nicht verstanden wurden.

ERFINDERGEIST

Tiroler sind nicht nur ein findiges, sondern auch ein erfinderisches Volk. 1832 etwa baute der Osttiroler Simon Stampfer das Lebensrad, das bewegte Bilder vortäuschen konnte und als Vorläufer des Kinematografen gilt. Ohne den aus Südtirol stammenden Peter Mitterhofer würden wir den Computer heute wohl nicht so nutzen, wie wir es tun: Er erfand in den 1860er-Jahren die Schreibmaschine, die später ihren Siegeszug durch die Welt antrat. Der Tischler baute davon fünf Stück und präsentierte sie am Kaiserhof in Wien. Doch die Erfindung stieß auf keine Zustimmung. Gekränkt versteckte Mitterhofer die Schreibmaschinen auf seinem Dachboden, wo sie erst rund zehn Jahre nach seinem Tod gefunden wurden.

Überhaupt war das 19. Jh. ein sehr ideenreiches Jahrhundert. Der in Kufstein geborene und nach Wien ausgewanderte Josef Madersperger erfand 1814 die erste Nähmaschine. Christian Reitmann aus St. Jakob in Haus baute um 1870 die ersten Zwei- und Viertaktmotoren. Und der Welschtiroler Alois Negrelli plante 1846–56 den Suezkanal mit, der 1869 eröffnet wurde.

Mit dem 20. Jh. endete der Erfindungsreichtum der Tiroler nicht. Der Innsbrucker Arzt Anton Nagy etwa ersann den Sterilisationsapparat und der Bozener Schriftsteller Max Valier war einer der Pioniere des Raketenmotors und entwickelte zusammen mit Fritz von Opel ein Raketenauto. Er starb, als er eine seiner Raketen testete, und gilt als erstes Todesopfer der Raumfahrt.

FÖHN

Mit bis zu 150 km/h fällt dieser warme Wind in das Inntal herab. Föhn kommt aus Italien, lässt Luftfeuchtigkeit in Form von Regen dort, schleppt sich über die Berge und gewinnt beim Abstieg deutlich an Geschwindigkeit und Temperatur. Sogar im Winter kann es auf diese Weise zu Plusgraden kommen, dann schmilzt der Schnee. Fällt der Föhn zusammen, folgt meist schlechtes Wetter.

Am meisten betroffen ist wohl die Region Innsbruck. Der Brennerpass ist die niedrigste Alpenüberquerung, der Wind saust hinunter durch das Wipptal, wird beim Eingang zum Stubaital durch die Talenge beschleunigt und schlägt dann hart gegen die Nordkette. Innsbruck kann dadurch in zwei Hälften geteilt werden. Im Westen ist es kühl, im Osten bläst ein Sturm und es ist bis zu 10 Grad wärmer. Das schlägt sich auch aufs Gemüt: Der warme Wind sorgt bei vielen Menschen oft für Kreislaufbeschwerden, Kopfweh und Schlafstörungen. Weht er länger als eine Woche, können die Innsbrucker schon mal grantig werden. Durch den starken Wind sind schon Straßenbahnwaggons umgekippt und das Dach des Innsbrucker Eisstadions beschädigt worden.

GLETSCHER

Dass Ötzi 1991 aus dem Gletscher herausschmolz, war weniger ein Zufall als vielmehr die Folge des Treibhauseffekts, der sich in Tirol massiv bemerkbar macht: Die globale Erwärmung bringt die Gletscher, das Wasserreservoir der Alpen, zum Schmelzen. Vorsichtige Schätzungen gehen davon aus, dass am Ende dieses Jahrhunderts drei Viertel aller Gletscher verschwunden sein werden, manche Prognosen sprechen schon von 2050. Für Tirol hat das katastrophale Auswirkungen: Kurzfristig wird das Schmelzwasser vermehrt zu Überschwemmungen und Murenabgängen, also Schlamm- und Geröllawinen, führen. Längerfristig aber trocknen die Wasserspeicher aus – Wasser wird knapp. Die Folgen wären fatal für die Menschen, die Natur und nicht zuletzt die Wirtschaft. Denn sind die Alpen eisfrei, bleiben auch die Touristen aus, die seit einem Jahrhundert dem Land den Wohlstand bringen. An der Innsbrucker Universität gibt es mehrere Projekte, die erforschen, wie das Abschmelzen der Gletscher zu verlangsamen ist. Beispielsweise durch Verdichten der Schneedecke: Wasser wird in die Schneeschicht oder den Gletscher gespritzt und mit einem Vlies abgedeckt – als Schutz vor der Sonne. Solche und ähnliche Maßnahmen zeigen kleine Erfolge, können den Prozess jedoch nicht aufhalten.

Die Natur als Tunnelbaumeister: Eishöhle im Tuxer Gletscher

GRÜNES LAND

Längst sind sich die Tiroler bewusst, dass sie ihr wichtigstes Gut, die Natur, schützen müssen. Mehr als ein Viertel der Gesamtfläche des Landes gilt mittlerweile als Schutzgebiet, insgesamt gibt es mehr als 80 derartig ausgewiesener Regionen. Viele Pflanzen, etwa das Edelweiß, stehen unter Naturschutz und dürfen nicht gepflückt werden. Und auch viele Tiere werden geschützt, für Fledermäuse etwa gibt es ein spezielles Programm.

Man setzt in Tirol schon immer auf Wasserkraft, auch wenn der Kraftwerksbau zuweilen übertrieben wird. Dieses grüne Denken spiegelt sich auch in der Politik wieder. Die Grüne Partei ist in Tirol konstant stark und hat bei vergangenen Wahlen meist zugelegt. Seit der letzten Tiroler Landtagswahl im Frühjahr 2013 sitzen sie gemeinsam mit der konservativen ÖVP auf der Regierungsbank. Aber nicht nur in der Politik, auch Tirolerinnen und Tirolern haben das grüne Denken längst verinnerlicht. Müll wird überall säuberlich getrennt und anschließend recycled, Sammelinseln für die verschiedenen Müllarten finden sich überall. Abfall auf den Boden zu werfen, ist in Tirol gar nicht gern gesehen.

Im heiligen Land Tirol: Fronleichnamsprozession bei wahrem Feiertagswetter

HEILIGES LAND

Dieser Beiname von Tirol geht auf die Zeit der Gegenreformation im 16. Jh. zurück. Die Habsburger regierten Österreich und setzten, teilweise mit Gewalt, den katholischen Glauben durch, von dem fast das ganze Land abgefallen war. Im Osten wandten sich die Menschen den Lehren Luthers zu, in Tirol erfreuten sich die Täuferbewegungen großen Zuspruchs. Also holte man katholische Orden ins Land, die den Katholizismus fördern sollten: Prozessionen und Wallfahrten erlebten einen neuen Aufschwung, Andersgläubige wurden gnadenlos verfolgt. Noch 1837, also 300 Jahre später, wurden 427 Zillertaler Protestanten des Landes verwiesen. Aufgrund der rigorosen Verfolgung und Vertreibung der Protestanten weist Tirol heute mit weit mehr als 90 Prozent den höchsten Anteil an Katholiken aller österreichischen Bundesländer auf. Immer noch nehmen Prozessionen und Wallfahrten einen hohen Stellenwert ein. In den letzten Jahren allerdings ist die Zahl der Kirchenaustritte angestiegen und auch die Zahl der praktizierenden Katholiken ist konstant im Sinkflug begriffen.

ÖTZI

Ötzi war ein etwa 45-jähriger Mann, der um 3000 v. Chr. lebte und an einem Pfeil starb, der seine Schulter durchbohrte. Wissenschaftler nehmen an, dass er auf der Flucht war oder von einem Angriff überrascht wurde. Der Fund der Eismumie in der Nähe des Hauslabjochs in den Ötztaler Alpen Anfang der 1990er-Jahre war jedenfalls eine archäologische Sensation: Nie zuvor war eine derart gut konservierte Leiche aus der Kupferzeit, wie die Jungsteinzeit auch genannt wird, in Mitteleuropa gefunden worden. Noch dazu brachte Ötzi einen Großteil seiner Ausrüstung mit in unsere Zeit: seine Axt, seine Bekleidung, sein Jagdgerät. Er war tätowiert und zu medizinischen Zwecken akupunktiert worden. Stück für Stück gab er den Wissenschaftlern preis, wie das Leben in der Steinzeit, lange bevor es in den Alpen schriftliche Aufzeichnungen gab, ausgesehen haben muss. Und da es sich um eine richtige Mumie handelt, umranken den Mann aus dem Eis – genau wie den berühmten ägyptischen Pharao Tutanchamun – allerlei mythische Gerüchte: Sein Finder, der Deutsche Helmut Simon, und einige der Ärzte und Archäologen sind mittlerweile verstorben – und man sagt, es sei der Fluch des Ötzi, der die Männer dahingerafft habe.

RUSSEN

Felix Mitterers vierteilige Fernsehsatire „Die Piefke-Saga" ist legendär: Der typisch deutsche Urlauber und die Tiroler Gastfreundschaft werden dabei gehörig auf die Schippe genommen. Heute könnte man das Zusammentreffen von deutschen Urlaubern und reichen Russen und die daraus resultierenden Kulturkonflikte zu einem Stück verarbeiten. Hintergrund für eine solche Satire: die große Zahl an russischen Gästen, die seit dem Fall des Eisernen Vorhangs die noblen Tiroler Skiorte besuchen. Mehr als 290 000 verbringen jährlich das orthodoxe Weihnachtsfest Anfang Januar in Tirol, wenn auch der Aufschwung durch die Ukraine-Krise und wirtschaftliche Probleme gebremst wurde.

Aufgrund der unterschiedlichen Kultur und der fremden Sprache wurden diese neuen Besucher von den Stammgästen und den einheimischen Touristikern kritisch beäugt und nicht immer so geliebt wie der Rubel, den sie gerne und viel in Tirol ausgeben. Jetzt hat sich das Land aber auf die neuen Gäste eingestellt: Viele Hotels beherbergen zur russischen Hauptreisezeit nur noch Russen, es gibt Speisekarten auf Russisch, und an den Volkshochschulen werden Russischkurse für Skilehrer angeboten. Und seit Innsbruck bei der Fußballeuropameisterschaft 2008 die russische Mannschaft und Zehntausende Fans beherbergte, ist die Skepsis gegenüber den neuen Gästen verschwunden.

ESSEN & TRINKEN

Der Berg hat nicht nur das Land und den Charakter der Tiroler geformt, sondern auch die Küche. Denn das Leben war hart und anstrengend in der bäuerlichen Almwirtschaft. Damit einher ging ein sehr eingeschränkter Speiseplan.

Begrenzte Anbauflächen und lange Winter sorgten dafür, dass die Tiroler oft mit wenig Nahrung auskommen mussten. Geld für zusätzliche Lebensmittel fehlte meist. So wurde verwendet, was vorhanden war. Das beste Beispiel ist das berühmte ***Tiroler Gröstl***: eigentlich eine simple Resteverwertung, in der am Montag alles verarbeitet wurde, was vom Sonntagsbraten übrig war.

Am ursprünglichsten isst man heute wohl noch auf einer der zahlreichen Tiroler Almhütten. Typisch für die Speisekarten der Hütten sind die ***Tiroler Knödel mit Speck*** in einer klaren Rindsuppe oder die Kasknödel, mit Tiroler ***Graukäse*** gefüllt. Der Graukäse wird auch kalt, mit Zwiebeln, Essig und Öl serviert. Der fettarme Käse war ursprünglich ein Arme-Leute-Essen, weil er aus der Milch gemacht wird, die aus der Buttererzeugung übrig blieb. Vorsicht: Je reifer er wird, desto schärfer wird er auch und sein Geschmack ist dann sehr gewöhnungsbedürftig.

Sehr beliebt sind auf den Hütten auch ***Schlutz- oder Schlipfkrapfen***, Tiroler Ravioli, meist mit einer Füllung aus Kartoffeln (die in Tirol Erdäpfel oder Patati heißen). Nicht zu vergessen: die traditionelle ***Brettljause***, eine zünftige, kalte Platte, auf der sich heimischer Speck, Käse, Aufstriche, Eier und Essiggurkerl finden und

Bild: Tiroler Speckknödel

Ob traditionelle Gerichte oder Neukreationen der „Jungen Wilden“: Die Tiroler Küche setzt auf frische heimische Produkte

die einem müden Wanderer oder Mountainbiker wieder Kraft gibt.
Sehr traditionell isst man heute in einem der mehr als 130 zertifizierten Tiroler Wirtshäuser *(www.tiroler-wirtshaus.at)*, gekennzeichnet durch ein grünes Schild mit drei Blättern. Von **Kaskrapfen** über Tiroler **Speckforelle** bis zu Lammrücken mit Petersilienkrustel und **Brottorte** mit Haselnüssen reicht die Palette. Ganz wichtig ist auch das **Ripperlessen**, deftige Schweinsrippen, die mit Kren (Meerrettich) und Senf meist auf einem Holzbrett serviert werden. Drei Bedingungen haben sich die Wirtshäuser auf die Fahnen geschrieben: die Liebe zur Tiroler Kost, die Verwendung frischer, heimischer Produkte sowie authentische Atmosphäre und Architektur. Außerdem wird regelmäßig überprüft, ob diese Betriebe ihren Standard beibehalten.
Neben den traditionellen Restaurants findet man in Tirol die „Jungen Wilden“, die neue Maßstäbe mit ihren Restaurants setzen. Der Zillertaler Alexander Fankhauser ist einer von ihnen. Er gehört zu

SPEZIALITÄTEN

Apfelradln – in Teig getauchte und in Fett gebackene Apfelringe, mit Zucker serviert

Bauernschmaus – große Holzplatte garniert mit Sauerkraut, Schweinskoteletts, Selchfleisch, Wiener (Frankfurter) Würstchen und Petersilienkartoffeln

Brezensuppe – stammt aus dem Unterland: Klein geschnittene Laugenbrezen werden mit (Grau-)Käse bestreut und mit Rindssuppe aufgegossen

Gerstensuppe – wird mit geräuchertem Schweinefleisch und Speck angerichtet

Graukas – säuerlicher Käse aus Magermilch, der mit Essig, Öl und viel Zwiebeln serviert wird

Kartoffelpaunzen – dicke, kurze Nudeln aus Kartoffelteig; werden zum einen süß mit Zucker oder zum anderen als Beilage oder als Hauptspeise etwa mit Kraut und Speck genossen

Kaspressknödel – flache Semmelknödel mit Petersilie und pikantem Käse, meist in klarer Suppe serviert (Foto re.)

Scheiterhaufen – überbackenes Weißbrot mit Milch, Äpfeln, Rosinen und Zucker, das zu einem Türmchen aufgestapelt wird

Schlutzkrapfen – auch Schlipfkrapfen genannt: Teigtaschen mit Fleisch und Kartoffeln gefüllt (Foto li.)

Spinatspatzln – durch den Spinat im Teig grün gefärbte Spätzle, werden oft mit Rahmsauce serviert

Tiroler Leber – dünne Leber, die mit Speck gebraten und Wein aufgegossen wird

Tiroler Muas – fester Grießbrei, den jeder mit seinem Löffel direkt aus der Pfanne isst

Tiroler Speckknödel – Semmelknödel mit Tiroler Speck, in Suppe oder auf Kraut serviert

Virgentaler Schöpsernes – Lammkeule auf Osttiroler Art

Zelten – Früchtebrot mit Anis, Dörrbirnen, Feigen, Nüssen, Rosinen; wird zu Weihnachten gegessen

den berühmtesten Köchen Österreichs und ist bekannt für seine neuartigen Kreationen sowie seine zehngängigen Menüs, mit denen er in Hochfügen im *Restaurant Alexander* die Gäste verzaubert, aber auch, weil er in einer eigenen Kochsendung im ORF-Fernsehen seine Geheimnisse verrät. Alexander Fankhauser, Martin Sieberer von der *Paznauner Stube* in Ischgl oder Simon Taxacher vom *Rosengarten* in Kirchberg vertrauen auf traditionelle Tiroler Küche, verfeinern sie und zaubern neue Kreationen in ihre Menüs. Ihre Mühe hat sich gelohnt, diese Restaurants gehören zu den besten zwanzig in ganz Österreich, zusammen mit dem *Interalpen* in Telfs oder der *Heimatliebe* in Kitzbühel. Vor allem der mediterrane Einfluss verfeinert meist die heimische Küche. Dem Mittelmeer fühlt sich der Tiroler schon aufgrund der Nähe zu Italien zugetan.

Auch wenn Tirol für seine Süßspeisen nicht so berühmt ist wie etwa Wien mit Sachertorte und Kaiserschmarren – Schleckermäulchen kommen hier sicher auch nicht zu kurz: **Kiachln**, in Öl gebackene Hefeteigringe, die traditionell auf dem Christkindlmarkt gegessen werden, mit Marmelade oder Vanillecreme gefüllte **Krapfen** oder **Moosbeernocken**, Heidelbeeren in Teig getaucht, sind nur ein kleiner Auszug aus dem üppigen Süßspeisenrepertoire Tirols, das einem das Wasser im Mund zusammenlaufen lässt. Natürlich gibt es in den zahlreichen Cafés und Konditoreien Torten und Kuchen in allen Variationen, und ein kleiner Ableger des berühmten *Café Sacher* steht neben der Innsbrucker Hofburg und bietet die entsprechenden Köstlichkeiten aus der Konditorenwerkstatt an.

Traditionell wird zum Essen in Tirol Bier getrunken. Grund dafür ist auch, dass die hohe Lage und der lange Winter nicht ideal für Wein sind. Dennoch versuchen inzwischen rund 20 Winzer in Nord- und Osttirol auf etwa 2 ha Anbaufläche ihr Glück. In jedem besseren Lokal finden Sie aber in jedem Fall eine ausgesuchte Weinkarte. Waren es bis vor ein paar Jahren noch italienische Tropfen, die in Tirol an erster Stelle standen, so sind es heute eher österreichische Weine. Grund dafür ist auch, dass sich der Osten Österreichs als Weinland etabliert hat: Niederösterreich, das Burgenland oder die Steiermark zählen mittlerweile zu den besten Weinbaugebieten der Welt. Speziell Weißweine wie der Grüne Veltliner gehören zu den Spitzensorten. Unter den Rotweinen ist der Zweigelt einer der bekanntesten. Aber auch Edelvernatsch und Grauvernatsch, eine Rotweinsorte, die speziell in Südtirol verbreitet ist, sind sehr beliebt.

Wem das alles zu üppig wird, dem hilft einer der berühmten **Tiroler Digestifs**: Das allseits bekannte *Schnapserl*, egal ob Obstler, Marille, Vogelbeere oder Birne, ist unverzichtbar und rundet jedes Mahl ab. Und wer schon einmal den aus Zirbenzapfen angesetzten, süßen Zirbenschnaps getrunken hat, wird auf jeden anderen Magenbitter verzichten.

Eines der besten Wirtshäuser in Tirol: der „Wilde Mann" in Lans

EINKAUFEN

Handwerk hat in Tirol große Tradition. Seit Jahren schon ist das Land bekannt für seine Schnitzhandwerk und seine Glaskunst. Aber auch Tiroler Mode geht über Dirndl und Lederhose hinaus.

GLAS

Die Glasbläserei ist vor allem in Rattenberg und in Kramsach zu Hause. In den kleinen Geschäften sehen Sie hier die Glasbläser bei der Arbeit, wie sie Blumen, Figuren, Vasen oder Flaschen blasen, die meist noch kunstvoll bemalt werden. Weltberühmt für ihre Glaskristalle ist die Tiroler Firma *Swarovski* mit Firmensitz in Wattens. In den Kristallwelten oder der Filiale in Innsbruck kaufen Sie Modeschmuck und Figuren. Glas ganz anderer Art stellt *Riedel* in Kufstein her. Schon in den 1950er-Jahren begann die Firma, Weingläser zu produzieren, die den Geschmack des Weins betonen. Heute gehören handgeblasene Riedel-Gläser zu den exklusivsten Weingläsern der Welt.

LODEN & LEDER

Loden (verwobenes und gewalktes Schafsgarn) und Leder sind Teil der Tiroler Tracht, und zwar aus einfachen Gründen: Die Materialien wärmen, sind strapazierfähig und in Tirol im Überfluss vorhanden. Die Bauern konnten sie in Heimarbeit bearbeiten oder von fahrenden Händlern verschönern lassen. Jacken, „Filzpatschen" (Filzpantoffeln) und der berühmte Tiroler Hut sind aus Loden. Für die traditionelle Hose verwendete man Leder. Auch die Knöpfe wurden von den Bauern im Winter in Handarbeit hergestellt. Als Grundlage dafür dienten ihnen Hirschgeweihe. Loden gilt heute in Tirol als schick. Es ist teuer und in gut sortierten Boutiquen erhältlich.

SCHNAPS

Früher wurde alles gebrannt, was während des Gärprozesses genug Alkohol erzeugte: Zwetschgen, Äpfel, Marillen oder eine Obstmischung, aber auch Rüben und Kartoffeln. Dementsprechend scharf lief der Tropfen die Kehle hinunter. Mittlerweile hat sich das geändert. Die edlen Tropfen gewinnen Auszeichnungen. Besonders beliebt ist nach wie vor der würzige Obstler, der feine, mandelartige Vogelbeerschnaps und der süße Zirbenschnaps, der aus den Zapfen der Zirbelkiefer hergestellt wird.

Tirol bietet Shoppingfans vieles, vom Kunsthandwerk bis zur Trachtenmode und vom Baunernhofladen bis zum Tirol Shop

SCHNITZHANDWERK

Vor allem das Außerfern ist bekannt für seine Schnitztechnik. Traditionell sind es christliche Motive, Kruzifixe und Heiligenfiguren, die geschnitzt wurden, aber auch kunstvolle Verzierungen wurden geschaffen. Immer noch finden sich im Lechtal Kunstschnitzer des alten Schlags, in manchen Geschäften und Werkstätten können Sie ihnen bei der Arbeit zuschauen. Sehr liebevoll geschnitzt oder gedrechselt finden Sie Krippenfiguren aus Holz in verschiedenen Größen. Die gängigsten sind 6 bis 18 mm hoch, wobei der hl. Josef als Maß genommen wird.

TIROL SHOP

Tirol hat sich in den vergangenen Jahren INSIDER TIPP als Mode-Label etabliert. Funktionskleidung, Retro-Produkte, Rucksäcke – kaum ein Tiroler, der nicht ein Teil mit dem roten Logo im Schrank hängen hat. Besonders beliebt sind die warmen Wollmützen für den Winter. Die Artikel gibt es in Tourismusbüros, Sportgeschäften und unter *www.tirolshop.com*.

VOM BAUERN

Der Verkauf ab Hof hat in Tirol eine lange Tradition. In jedem kleinen Dorf gibt es mehrere Bauern, die ihre Produkte direkt auf dem Hof verkaufen und oft eine breite Palette anbieten: Hauswürste, Speck, Fleisch, Milchprodukte wie Käse, Honig, aber auch hochprozentig Selbstgebranntes wie Marillen- oder Zwetschgenschnaps oder Obstler. Daneben bieten Bauern je nach Jahreszeit auch Obst, Gemüse und Marmelade. Außerdem wird in fast allen Orten Tirols regelmäßig ein Bauernmarkt veranstaltet, bei dem die lokalen Landwirte gemeinsam ihre Produkte auf dem Hauptplatz anbieten. Das Angebot ist zwar auf solchen Märkten nicht immer billiger als im Lebensmittelladen, dafür aber garantiert Bio.

INNSBRUCK & UMGEBUNG

Einst wählte Kaiser Maximilian I. die Region rund um Innsbruck als Zentrum, um von dort aus sein riesiges Weltreich zu regieren. Heute ist sie nach wie vor der kulturelle Mittelpunkt Tirols.

Maximilian war ein begeisterter Jäger und liebte die Berge rund um die Tiroler Landeshauptstadt: die schroffe Nordkette mit der Martinswand, in der er sich der Legende nach einmal verstieg und erst durch einen weißen Hirsch, der ihm den Weg wies, gerettet wurde. Auch den mächtigen Patscherkofel im Süden, den Hausberg Innsbrucks, und das Stubaital mit seinen imposanten Bergen schätzte der Regent. Und selbstverständlich war auch das Geld, das in Hall geprägt wurde, ein guter Grund, in Innsbruck zu residieren. Dass die Region noch heute das kulturelle Herz des Bundeslandes ist, beweisen die zahlreichen Veranstaltungen und die schönsten Museen des Landes sowie eine muntere, jugendliche Szene. Die besteht nicht zuletzt aus den mehr als 30 000 Studierenden, die sich auf der Universität auf ihr Berufsleben vorbereiten und in und rund um die Landeshauptstadt ihr Zuhause gefunden haben. Es brummt aber auch aus anderen Gründen in der Region. Etwa wegen der zahlreichen Sportbegeisterten, die auf der Nordkette und in den Stubaier Alpen ihren Bewegungsdrang beim Skifahren, Wandern, Mountainbiken oder Klettern ausleben. Und nicht zuletzt sorgen mehrere Millionen Touristen jährlich dafür, dass es in Innsbruck und Umgebung immer heiß her geht.

Urbaner Charme und markante Bergwelt verschmelzen im Herzen Tirols zu einer glücklich machenden Einheit

> CITY **WOHIN ZUERST?**
> Das Zentrum, um das sich alles dreht, ist das **Goldene Dachl (U C3)** *(🕮 c3)* in der Altstadt (Tram Linie 1: Maria-Theresien-Straße). Hier finden Sie Sehenswürdigkeiten, Museen, Restaurants und Hotels. Falls Sie mit dem Wagen kommen, parken Sie am besten in der Markthallengarage neben dem Haupteingang der Markthalle.

INNSBRUCK

KARTE IM HINTEREN UMSCHLAG (131 E5–6) *(🕮 H–J4)* **Die Landeshauptstadt, umrahmt von einer beeindruckenden Bergkulisse, teilt Tirol in Ober- und Unterinntal.**

Durch *Innsbruck* muss man meist hindurch, wenn man Tirol durchqueren will. Das machte die Stadt schon im Mittelalter zu einem bedeutenden Marktplatz. Viele Spuren von damals sind in den

Gassen der Innsbrucker Altstadt zu entdecken. In jüngerer Zeit machten die Olympischen Winterspiele von 1964 und 1976 sowie die ersten Olympischen Jugend-Winterspiele im Jahr 2012 die Stadt bekannt. Die Sportstätten nutzt man heute noch, die eindrucksvollste unter ihnen ist die Sprungschanze am Bergisel: Sie strahlt nachts in verschiedenen Farben. Heute machen 30 000 Studenten aus aller Welt die 130 000-Einwohner-Stadt zu einer multikulturellen Metropole. Sie bevölkern die zahlreichen Cafés in den malerischen Laubengängen der Altstadt und die Bars bis in die Nacht.

Barocke Etappe am Jakobsweg nach Santiago de Compostela: Dom zu St. Jakob

SEHENSWERTES

ANNASÄULE (U C4) (*c4*)

Die spitze, 13 m hohe Säule mitten in der Fußgängerzone wird von einer Marienstatue gekrönt. Auf dem Sockel der Säule stehen vier für Tirol bedeutende Heiligenfiguren: Anna, Georg, Kassian und Vigilius. 1703 fielen die Bayern im Zuge des spanischen Erbfolgekriegs in Tirol ein, die Tiroler verteidigten sich. Zum Gedenken an die Freiheit stellte die Stadt drei Jahre später die Statue auf. In den 1950er-Jahren wurde die Säule zum Schutz durch eine Kopie ersetzt, das Original steht in St. Georgenberg bei Schwaz. *Maria-Theresien-Str.*

BERGISEL-STADION ★

(U D6) (*d6*)

Die Schanze steht auf historischem Boden: 1809 stellte sich der Tiroler Freiheitskämpfer Andreas Hofer hier mit seinen Schützen gegen die Truppen Napoleons. Heute sehen Sie, mit etwas Glück, den Skispringern beim Training zu. Auf der 2002 von Zaha Hadid neu gestalteten Sprungschanze springt die sportliche Crème de la Crème am 4. Januar während der jährlich stattfindenden Vierschanzentournee. Der Anlauf ist 98 m lang, der Schanzenrekord liegt bei 138 m im Winter (Michael Hayböck, 2015) und 136 m im Sommer (Adam Malysz, 2004). Zum 50 m hohen Schanzenturm kommen Sie mit dem Schrägaufzug. Der Ausblick vom Panoramarestaurant *Café im Turm (19,70 Euro u. freier Eintritt ins Stadion | Tel. 0512 58 92 59 30)* entschädigt für den leicht überteuerten Eintrittspreis ins Stadion. Bis 11 Uhr wird hier das *Bergisel-Frühstück (21,90 Euro und Liftfahrt gratis | Reservierung Tel. 0512 58 92 59)* serviert. *Nov.–Mai tgl. 10–17, Juni–Okt. tgl. 9–18 Uhr | Bergisel | Eintritt 9,50 Euro, Kombiticket mit Tirol Panorama 12 Euro | www.bergisel.info*

Unterhalb des Bergisel-Stadions steht die Statue von Andreas Hofer, daneben liegt das *Tirol Panorama* (s. S. 38). Darin wird u. a. ein mehr als 1000 m^2 großes Riesenrundgemälde von 1896 gezeigt.

DOM ZU SANKT JAKOB (U C3) (*c3*)
Die zwei Türme des 1724 fertiggestellten, üppigen barocken Baus überragen die Altstadt. Der Dom wurde dem heiligen Jakob geweiht, weil er auf dem Weg nach Santiago de Compostela in Spanien, dem Jakobsweg, liegt. Bekannt ist der Dom für das Gnadenbild Mariahilf von Lukas Cranach d. Ä. und das bronzene Grabmal des Tiroler Landesfürsten Maximilian III. Jeden Tag um 12.12 Uhr läuten die 48 Glocken des Innsbrucker Friedensglockenspiels. *Domplatz 6*

GLOCKENMUSUEM (U C5) (*c5*)
In aller Welt erklingen die Glocken der Firma Grassmayr aus Innsbruck. Im Museum beim Geschäft sehen Sie in einer alten Gießerei, wie mühsam es mit den einfachen Werkzeugen früher war, die Glocken zu gießen. Durch eine Glasscheibe schauen Sie der heutigen Produktion zu. Im Klangraum werden Töne sichtbar. *Mai–Sept. Mo–Sa 9–17, Okt.–April Mo–Fr 9–17 Uhr | Leopoldstr. 53 | Eintritt 7 Euro | www.grassmayr.at*

MARCO POLO HIGHLIGHTS

★ **Bergisel-Stadion**
Imposantes Überbleibsel der Olympischen Winterspiele → S. 34

★ **Goldenes Dachl**
Auf dem Prunkerker, dem Wahrzeichen Innsbrucks, glänzen 2657 vergoldete Schindeln → S. 36

★ **Hofkirche**
Riesige schwarze Bronzefiguren bewachen das Kaisergrab → S. 36

★ **Schloss Ambras**
Renaissanceschloss mit einmaliger Waffen- und Kuriositätensammlung → S. 36

★ **Nordkette**
Phantastischer Panoramablick von ganz oben über die Stadt und ihre Sehenswürdigkeiten → S. 37

★ **Altstadt Hall**
Kopfsteinpflaster, enge Gassen, sympathische Lädchen: Dem Mittelaltercharme von Hall kann man sich nur schwer entziehen → S. 46

★ **Kristallwelten**
Swarovskis Wunderwelt, gestaltet von einem der berühmtesten Künstler Österreichs: André Heller schuf mit Hilfe vieler anderer Kreativer ein Universum aus Kristall → S. 47

GOLDENES DACHL ★

(U C3) (*c3*)

Der Prunkerker mit den 2657 vergoldeten Schindeln ist das Wahrzeichen von Innsbruck und die wichtigste Sehenswürdigkeit der Stadt. Kaiser Maximilian I. hatte sich die kaiserliche Loge um 1500 bauen lassen, um bei Turnieren und Spielfesten auf dem Stadtplatz in der ersten Reihe zu sitzen. Sich selbst ließ er in der Mitte der Balustrade verewigen: links mit seinen zwei Frauen, Bianca Maria Sforza (mit Apfel) und Maria von Burgund, rechts zwischen Staatskanzler und Hofnarr.

Im Gebäude, 1420 als Residenz der Tiroler Landesfürsten gebaut, befinden sich heute das Standesamt und das *Museum Goldenes Dachl (Mai–Sept. tgl. 10–17, Okt., Dez.–April Di–So 10–17 Uhr | Eintritt 4 Euro)*. Auf dem Platz vor dem Erker stand früher der Scheiterhaufen. *Herzog-Friedrich-Str. 15 | www.goldenes-dachl.at*

LOW BUDG€T

20 Minuten dauert die Fahrt aus der Innenstadt in hochalpines Gelände. Mit den *Nordkette Kombitickets* parken Sie gratis in der City-&-Congress-Garage, fahren mit der Hungerburgbahn und besuchen den Alpenzoo *(12,50 Euro). www.nordkette.com*

Wer Innsbruck mit dem Fahrrad erkunden möchte, fährt am günstigsten mit dem *Stadtrad (Tel. 0512 90 80 69 | www.stadtrad.ivb.at)*. In der ganzen Stadt gibt es Verleihterminals. Die erste halbe Stunde kostet 1 Euro, 24 h kosten 15 Euro. Hotline anrufen, registrieren und Nummer fürs Zahlenschloss erhalten.

HOFBURG (U C3) (*c3*)

Kaiserin Maria Theresia (1717–80) gab den Auftrag, den um 1500 fertiggestellten Sitz der Tiroler Landesfürsten im Stil des Wiener Rokoko umzubauen. Heute kann man noch die Prunkräume, etwa den Riesensaal mit Porträts der Kaiserin, besichtigen. Im Durchgang zur Hofgasse befindet sich ein Ableger des berühmten ● *Café Sacher* in Wien, wo Sie die Sachertorte nach originalem Geheimrezept genießen können. *März–Aug. Do–Di 9–17, Mi 9–19, Sept.–Feb. tgl. 9–17 Uhr | Rennweg 1 | Eintritt 8 Euro | www.hofburg-innsbruck.at*

HOFKIRCHE ★ (U C3) (*c3*)

28 überlebensgroße, schwarze Bronzefiguren, die „Schwarzen Mander", bewachen das leere, mit 24 kunstvollen Marmorreliefs verzierte Grabmal, das Kaiser Maximilian I. 1502 für sich selbst in Auftrag gab. Das größte Kaisergrab des Abendlands erfüllte aber nie seinen Zwecke: Als der Regent 1518 todkrank vor den Toren der Stadt stand, wurde ihm die Rückkehr verwehrt. Der Kaiser hatte nämlich noch Schulden bei den Wirten, und beim Geld hört für die Tiroler die Freundschaft auf. Gekränkt reiste Maximilian wieder ab, bestimmte auf seinem Totenbett eine andere Ruhestätte für sich und starb kurz darauf.

Etwa 50 Jahre später wurde die Hofkirche fertig gebaut. Statt der Gebeine des Kaisers ruht hier nun unter anderen seit 1823 der Tiroler Freiheitskämpfer Andreas Hofer. *Mo–Sa 9–17, So 12.30–17 Uhr | Universitätsstr. 2 | Kombiticket mit Ferdinandeum, Zeughaus, Volkskunstmuseum, Tirol Panorama 10 Euro | www.tiroler-landesmuseen.at*

SCHLOSS AMBRAS ★ (131 E6) (*J4*)

Erzherzog Ferdinand II. fesselte seine Gäste damals zur Begrüßung erst einmal auf einen Stuhl und leerte ihnen daraufhin einen großen Krug Wein in den Rachen. Dieses Ritual bleibt Ihnen heute zum Glück erspart. Den Schnappstuhl aber sehen Sie immer noch im Unterschloss, mit einer beeindruckenden Rüstungs- und Waffenausstellung. Faszinierend ist auch der ● beeindruckende Schlosspark, heute ein Wildpark mit Wäldern, Fischteichen, Wildgehegen, Felsen, Grotten und einem künstlichen Wasserfall.

Der Erzherzog ließ die aus dem 11. Jh. stammende Burg im 16. Jh. ausbauen. Im Hochschloss sind die Porträts der Habsburger, die zwischen 1400 und 1800 lebten, zu sehen – gemalt von Größen wie Cranach, Tizian, Velázquez oder van Dyck. Der 43 m lange *Spanische Saal* wird im Sommer für Konzerte genutzt. *Tgl. 10–17 Uhr, Habsburger Porträtgalerie und Gotiksammlung nur April–Okt. | Schlossstr. 20 | Eintritt 10 Euro | www.schlossambras-innsbruck.at*

SEEGRUBE (131 E5) (*H–J4*)

In sieben Minuten gelangen Sie von der Innenstadt auf die *Hungerburg* – einem Stadtteil von Innsbruck und die erste Station auf der ★ *Nordkette*. Dort bekommen Sie einen Vorgeschmack auf die Aussicht, die Sie weiter oben erwartet. Die Stationen der Hungerburgbahn, die wie grüne Ufos aussehen, entwarf die britisch-irakische Architektin Zaha Hadid. Weiter hinauf in die hochalpine Bergwelt geht es mit der Seilbahn, erst zur *Seegrube (1905 m)* und dann zum *Hafelekar (2256 m)*. Der Panoramablick ist atemberaubend. Freitagabends speisen Sie mit Blick auf die Lichter der Stadt à la carte im Panoramarestaurant *Seegrube (Mo–Do, Sa/So 8.30–17, Fr 8.30–23.30 Uhr | Mob. 0664 88 44 78 17 | www.seegrube.at | €€€). Talstation am Rennweg | Innsbruck–Hungerburg 7,40 Euro, Innsbruck–Seegrube 15,90 u. 26,60 Euro (hin u. zurück), Hafelekar 17,70 u. 29,50 Euro (hin u. zurück) | www.nordkette.com*

Glänzendes Wahrzeichen mit kaiserlicher Geschichte: das Goldene Dachl

STADTTURM (U C3) (*c3*)

Vom 51 m hohen ehemaligen Rathausturm bietet sich Ihnen nach 148 Stufen ein atemberaubender 360-Grad-Blick auf die Berglandschaft – und in manche

Die Wiltener Basilika präsentiert sich im üppigen Rokokostil

Dachwohnung der Altstadt. *Okt.–Mai tgl. 10–17, Juni–Sept. tgl. 10–20 Uhr | Herzog-Friedrich-Str. 21 | Eintritt 3 Euro*

STIFT WILTEN (U D6) *(🕮 d6)*
Im Süden von Innsbruck stehen zwei prächtige Sakralbauten: Der rote ist das Prämonstratenser-Chorherrenstift auf dem Gelände der alten Römersiedlung Veldidena. Zu verdanken ist das Stift der Legende nach einem Riesen: Der Riese Haymon soll den Riesen Tyrseus im Jahr 878 erschlagen und aus Reue das Kloster errichtet haben. Die gigantischen Statuen von Haymon und Tyrseus bewachen heute noch den Eingang zur Stiftskirche. Im 17. Jh. wurde der ursprünglich romanische Bau barockisiert. *Klostergasse 7 | Führungen auf Anfrage | Tel. 0512 58 30 48 | www.stift-wilten.at*
Der zweite Prunkbau ist die *Wiltener Basilika* mit der Muttergottes-Statue am Hochaltar, „Maria unter den vier Säulen". Der im Rokokostil errichtete Bau ist genau 100 Jahre jünger als die Stiftskirche.

TIROL PANORAMA (U D6) *(🕮 d6)*
Nach längeren Bauverzögerungen ist das Museum am Bergisel vor wenigen Jahren eröffnet worden. Zu sehen ist das Riesenrundgemälde, das die Schlacht am Bergisel – Tiroler Schützen gegen die Bayrische Armee – zu Beginn des 19. Jhs. zeigt. Die 360-Grad-Darstellung ist einzigartig und absolut sehenswert, insgesamt gibt es weltweit nur noch zwanzig ähnlich große Exemplare. Der Münchner Maler Zeno Diemer lässt in dem 1896 fertiggestellten Gemälde auf mehr als 1000 m^2 die Schlacht vom Bergisel wieder aufleben, in der Andreas Hofer und seine Männer am 13. August 1809 die bayrischen und französischen Truppen besiegten. Der Künstler brauchte für das gewaltige Werk nur drei Monate. Der Altbau des *Kaiserjägermuseums*, das die Ti-

roler Militärgeschichte der vergangenen 200 Jahre behandelt, ist ein weiterer Bestandteil des Komplexes. Verbunden werden die zwei Museen durch einen unterirdischen Gang, in dem Sie die Ausstellung „Schauplatz Tirol“ mit den Schwerpunkten Religion, Politik, Mensch und Natur sehen können.
Angegliedert ist auch das *Restaurant Tirol Panorama (Mi–Mo 9–17 Uhr | Tel. 0512 58 92 59 21 | www.bergisel.info | €)*, ein Selbstbedienungsrestaurant mit Glasfassade und einer Terrasse mit tollem Blick.
Mi–Mo 9–17, Juli/Aug. bis 19 Uhr | Bergisel 1–2 | Kombiticket mit Ferdinandeum, Zeughaus, Hofkirche, Volkskunstmuseum 10 Euro | www.tiroler-landesmuseum.at

TIROLER LANDESMUSEUM FERDINANDEUM ● (U C3) (*c3*)

Das 2003 umgebaute und modern gestaltete Landesmuseum führt von der Frühzeit Tirols im Keller bis zur modernen Kunst im dritten Stock – von römischen Funden über Reliefs des Goldenen Dachl bis zu Musikinstrumenten des berühmten Absamer Instrumentenbauers Jakob Stainer. Dazwischen finden sich Exponate aus allen Epochen, neben Arbeiten bedeutender Tiroler Künstler wie Albin Egger-Lienz sind hier auch Werke von Klimt, Schiele und Niederländern wie Breughel und Rembrandt ausgestellt. *Di–So 9–17 Uhr | Museumstr. 15 | Kombiticket mit Zeughaus, Hofkirche, Volkskunstmuseum, Tirol Panorama 10 Euro | www.tiroler-landesmuseen.at*

TIROLER VOLKSKUNSTMUSEUM (U C3) (*c3*)

Im Gebäude des ehemaligen Franziskanerklosters, das sich an Hofburg und Hofkirche unmittelbar anschließt, befindet sich eine in ganz Europa einzigartige volkskundliche Sammlung. Zu sehen ist Tiroler Volkskunst aus fünf Jahrhunderten, von der Krippenausstellung über Originalstuben aus Einschichthöfen bis zu bäuerlichen Gerätschaften. Fasnachtsfiguren, Trachten sowie Bauernmöbeln erschließen sich dem Besucher, vieles wurde bereits vor dem Ersten Welkrieg angeschafft. Dabei ist die Ausstellung keine fade Vitrinenschau, sondern lebendige und nachvollziehbare Geschichte aus allen gesellschaftlichen Schichten, vom Bauernstand über das Bürgertum bis hin zum Adel. Im Mai 2009 wurde das Haus, dessen Ursprünge im Jahr 1888 liegen, in neuem Glanz wiedereröffnet. *Tgl. 9–17 Uhr | Universitätsstr. 2 | Kombiticket mit Ferdinandeum, Zeughaus, Hofkirche, Tirol Panorama 10 Euro | www.tiroler-landesmuseen.at*

TRIUMPHPFORTE (U C4) (*c4*)

1765 heiratete der Sohn von Kaiserin Maria Theresia, der spätere Kaiser Leopold II., in Innsbruck. Während der zwei Wochen dauernden Feierlichkeiten starb überraschend Maria Theresias Ehemann, Franz I. Zur Erinnerung ließ die Kaiserin diese Miniversion des Pariser Triumphbogens an der damaligen Innsbrucker Stadtgrenze erbauen. Die Südseite zeigt die Motive der Hochzeit, die nördliche die Motive des Todes. *Maria-Theresien-Str./Leopoldstr.*

ZEUGHAUS (U D3) *(🗺 d3)*
Im einstigen Waffenlager von Kaiser Maximilian I. wandern Sie durch die Geschichte Tirols: von prähistorischen Funden über die Salz- und Silbergewinnung sowie die Freiheitskämpfe im 19. Jh. bis hin zum heutigen Tourismus. Im Sommer findet im großen Innenhof ein Open-Air-Kinoprogramm statt. *Di–So 9–17 Uhr | Zeughausgasse 1 | Kombiticket mit Ferdinandeum, Hofkirche, Volkskunstmuseum, Tirol Panorama 10 Euro | www.tiroler-landesmuseen.at*

ESSEN & TRINKEN

GASTHAUS ANICH (U C4) *(🗺 c4)*
Das Anich gehört dem Stift Wilten und ist eines der ursprünglichsten Innsbrucker Wirtshäuser. Von den drei Stuben sind zwei seit Jahrzehnten vom Erscheinungsbild unverändert geblieben. Serviert werden Tiroler Köstlichkeiten wie Ofenleber und traditionelle österreichische gutbürgerliche Küche. Und das in ausgesprochen großen Portionen. Am besten schon INSIDER TIPP vor 12 oder nach 13 Uhr hingehen – da bekommen Sie eher einen Platz. *Mo–Sa 9–24 Uhr | Anichstr. 15 | Tel. 05125 70450 |* €

KULTURGASTHAUS BIERSTIENDL (U C6) *(🗺 c6)*
Am Fuß des Bergisel werden bayerisches Bier und österreichische Spezialitäten serviert. Der Gastgarten ist ganz nach bayerischem Vorbild gestaltet, mit heißer Theke und Kastanienbäumen. Das Bierstindl ist auch Heimat der traditionsreichen INSIDER TIPP *Pradler Ritterspiele (Reservierung Mob. 0664 3774661 | www.innsbrucker-ritterspiele.info)*, einer skurrilen Märchen- und Boulevardbühne. *Tgl. 10–24 Uhr | Klostergasse 6 | Tel. 0512 580000 | www.bierstindl.eu |* €€

INSIDER TIPP **CHEZ NICO** (U C4) *(🗺 c4)*
Nico Curtil hat in Paris und London gearbeitet und serviert im ersten vegatarischen Restaurant der Stadt mittags fleischlose Menüs zu 13,50 und abends zu 60 Euro. *Di–Fr 12–14, Mo–Sa 18.30–22 Uhr | Maria-Theresien-Str. 49 | Landhauspassage | Mob. 0650 4510624 | www.chez-nico.at*

DENGG (U C3) *(🗺 c3)*
Vorn im Café frühstücken Sie auf gemütlichen, schwarzen Ledersofas, im hinteren Teil bietet das Restaurant mit österreichischer, asiatischer oder mediterraner Küche Abwechslung zum Tiroler Mainstream. Dazu österreichischer Wein. *So geschl. | Riesengasse 11–13 | Tel. 0512 582347 | www.dengg.co.at |* €€

INSIDER TIPP **KUNSTPAUSE** (U C3) *(🗺 c3)*
Feine Tiroler Küche mit dem gewissen Etwas in modernen Ambiente, dem neuen Stil des Ferdinandeums angepasst. Vor allem die Bedienung ist sehr freundlich und zuvorkommend. Günstige Mittagsmenüs. *So geschl. | Museumstr. 15 | Tel. 0512 572020 | www.kunstpause.at |* €€

LICHTBLICK (U C4) *(🗺 c4)*
Vom 7. Stock des neuen Rathauses ist der Blick über die Stadt herrlich. Im stylishen Lokal speisen Sie trendig und phantasievoll. Tolle Weinkarte. *So geschl. | Ma-*

ria-Theresien-Str. 18 | Tel. 0512 56 65 50 | www.restaurant-lichtblick.at | €€–€€€

EINKAUFEN

MARKTHALLE (U B3) (*b3*)
Sie müssen nicht unbedingt etwas kaufen, allein das Bummeln über diesen mitteleuropäischen Lebensmittelbasar inklusive Bio-Angebot ist interessant. Im hinteren Teil der Markthalle findet täglich vormittags ein Bauernmarkt statt. *Herzog-Siegmund-Ufer 1*

SWAROVSKI (U C3) (*c3*)
Filiale der weltbekannten Glassteinfirma in der Altstadt. *Herzog-Friedrich-Str. 39*

TIROLER HEIMATWERK (U C4) (*c4*)
Hier bekommen Sie Trachten, Stickereien oder Teppiche – und zwar echt und keinen Touristenkitsch. *Meraner Str. 2 | tiroler.heimatwerk.at*

WALDE KERZEN (U C3) (*c3*)
Allein die wunderschöne alte Schrift „Tiroler Wachszieher und Lebzelter" an der Auslage verdient einen Besuch dieses Geschäfts. Drinnen finden Sie Kerzen in allen Größen und selbstverständlich auch als kleines Souvenir. Die Firma Walde produziert seit mehr als 235 Jahren Seifen und Wachs in Tirol. *Mo–Fr 9–18, Sa 9–17 Uhr | Pfarrgasse 5 | www.walde.at*

AM ABEND

360 GRAD (U C4) (*c4*)
Die Weinbar und Lounge heißt so wegen des absolut genialen Rundumblicks über die Stadt. Im 7. Stock des neuen Rathauses genießen Sie gehobene

Ein Stadtpanorama zum Niederknien: Rundumblick im 360 Grad

Ehrengäste, so weit das Auge reicht: Tafel vor dem Hotel Goldener Adler

Tropfen in eleganter Umgebung. *So geschl. | Maria-Theresien-Str. 18 | Mob. 0664 8 40 65 70 50 | www.360-grad.at*

BLUE CHIP (U C4) *(c4)*
Die beste Disko der Stadt. Abtanzen zu Partysound, am Wochenende eher HipHop-lastig. Ab Mitternacht füllt sich die Location, die seit 20 Jahren im Innsbrucker Nachtleben präsent ist. *Mi–Sa | Wilhelm-Greil-Str. 17 | www.chip-ibk.com*

ERLKÖNIG (U C4) *(c4)*
Die mehrfach für ihr Design ausgezeichnete Bar ist sowohl gemütliches Tagescafé als auch stylischer In-Treffpunkt. In den Räumen wurden nur teuerste Materialien verbaut. *Meraner Str. 6 | Tel. 0512 20 90 46 | www.erlkoenig-bar.com*

HOFGARTENCAFÉ (U C3) *(c3)*
Abends verwandelt sich das gemütliche Café in historischer Umgebung am Rand des Hofgartens zur Kennenlernzone Nummer eins. *Rennweg 6a | www.derhofgarten.at*

LANDESTHEATER (U C3) *(c3)*
Zeitgenössische und klassische Stücke, Oper, Operette, Musical oder Tanz von September bis Juni. Auch ein spezielles Kinderangebot steht auf dem Programm. *Rennweg 2 | Tel. 0512 5 20 74 | www.landestheater.at*

TREIBHAUS (U C3) *(c3)*
Das gemütliche Café ist seit Jahrzehnten ein Dauerbrenner im studentischen Innsbruck. In den Sälen sowie im Turm gibt es laufend Veranstaltungen, etwa Salsa-Tanz und Kleinkunst. *Angerzellgasse 8 | Tel. 0512 57 20 00 | www.treibhaus.at*

ÜBERNACHTEN

ADLERS (U D4) *(d4)*
Die Gegend um den Bahnhof ist nicht unbedingt die nobelste, das Adlers gehört jedoch zum Besten, was die Stadt an Hotels zu bieten hat. Der Ausblick über Innsbruck und auf die Berge ist beeindruckend. *75 Zi. | Brunecker Str. 1 | Tel. 0512 56 31 00 | €€€*

BASIC HOTEL (U B4) *(🕮 b4)*
Das stylish eingerichtete Hotel liegt zentral und bietet einen 24-Stunden-Check-In am Automaten. Das Frühstück gibt es in der hausinternen Bäckerei *Stefan's*. Das Doppelzimmer kostet ab 100 Euro, WLAN ist gratis, bis zu vier Personen pro Zimmer. *23 Zi. | Innrain 16 | Tel. 0512 58 63 85 | www.basic-hotel.at | €€*

GOLDENER ADLER (U C3) *(🕮 c3)*
Das Haus wurde bereits 1390 gebaut, auf der Marmortafel neben dem Eingang sind die Dichter und Lenker verzeichnet, die in den Zimmern im Tiroler Stil übernachteten. Im Eckzimmer im 2. Stock residierte einst Andreas Hofer, gegenüber war Goethe zu Gast. *37 Zi. | Herzog-Friedrich-Str. 6 | Tel. 0512 57 11 11 | www.bestwestern.at/goldeneradler | €€€*

INSIDER TIPP **NALA** (U C4) *(🕮 c4)*
Eröffnet im September 2014, wurde das Haus schnell zum Geheimtipp in Sachen Gastronomie und Unterbringung. Ein kleines Hotel in ruhiger, aber sehr zentraler Lage mit überaus individuellen Zimmern von Mini Single Suite bis Loft Hide Away. *57 Zi. | Müllerstr. 15 | Tel. 0512 8 44 44 | www.nala-hotel.at | €€*

INSIDER TIPP **SCHWARZER BÄR**
(U B3) *(🕮 b3)*
Kleines, familiäres und neu renoviertes Hotel mit schönen, geräumigen Zimmern, teils mit Blick über den Inn. Gute Lage direkt gegenüber der Altstadt. *10 Zi. | Mariahilfstr. 16 | Tel. 0512 29 49 00 | www.cityhotel.cc | €€*

AUSKUNFT

INNSBRUCK TOURISMUS
(U C3) *(🕮 c3)*
Burggraben 3 | Tel. 0512 5 98 50 | www.innsbruck.info

ZIELE IN DER UMGEBUNG

IGLS (131 E6) *(🕮 J4)*
Der ruhige Ort (6 km von Innsbruck, 2000 Ew.) liegt am Fuß des Patscherkofels auf einem Sonnenplateau. Er gilt als Nobelviertel Innsbrucks, ist ein beliebtes Tourismusgebiet, Ausgangspunkt für Wanderungen und Golfertreffpunkt. Auf der Bobbahn der Olympischen Spiele hielt Stefan Raab schon seine Wok-WM ab. Igls ist die Endstation der Innsbrucker Straßenbahnlinie 6.
1 km von Igls entfernt liegt der Ort *Lans* mit dem wahrscheinlich besten Wirtshaus, das man in Tirol finden kann: dem *Wilden Mann (tgl. 11–23 Uhr | Römerstr. 12 | Tel. 0512 37 96 96 | www.wildermann-lans.at | €€)*.

NATTERER SEE (131 E6) *(🕮 H4)*
Das Moorwasser des malerischen kleinen Badesees (850 m, 9 km von Innsbruck) hat eine sehr gute Qualität. Nur mit dem Auto erreichbar (am Ortsanfang von Natters ausgeschildert), mit kleinem Campingplatz.

FULPMES & DAS STUBAITAL

(139 E1–2) *(🕮 H5)* **Das 30 km lange, enge Stubaital, das von Schönberg bis Neustift in den Stubaier Alpen verläuft, ist durch eine Straßenbahn mit Innsbruck verbunden.**
Die Bahn hat zwar durch die neue Ausstattung etwas an Nostalgie verloren, schraubt sich aber genau wie vor 100 Jahren von Wilten über Natters bis nach *Fulpmes* (4200 Ew.). Neustift ist dank des Stubaier Gletschers der größere Touris-

musort, Hauptort aber war immer Fulpmes am Fuß der mächtigen Serles. Es hat seinen dörflichen Charakter bis heute bewahrt.
Im Sommer wirkt das Stubaital eher gemütlich, im Winter dagegen ist in den Skigebieten umso mehr los.

SEHENSWERTES

INSIDER TIPP KRIPPENMUSEUM

In ganz Österreich gibt es keine größere Sammlung von Krippen. *Mi–So 10–12, 14–18 Uhr | Bahnstr. 11 | Eintritt 4,80 Euro, Kombiticket mit Puppenmuseum 6 Euro | www.krippenmuseum.at*

NEUSTIFT IM STUBAITAL

Durch den Tourismus erfuhr das ehemalige Bauerndorf (4600 Ew.) einen unglaublichen Aufschwung: Hotel reiht sich an Hotel – aber man blieb dem Tiroler Stil treu. Die *Pfarrkirche Sankt Georg* (1780) mit ihrem 52 m hohen Turm ist weithin sichtbares Wahrzeichen. Die Rokoko-Kirche ist innen mit prächtigen Fresken verziert. Eines der größten und besten Hotels ist das *Sporthotel Neustift (67 Zi. | Moos 7 | Tel. 05226 25 10 | www.sporthotelneustift.at | €€€)* mit Wellnessbereich und Bioküche. *www.neustift.at*

PUPPENMUSEUM

Viele Porzellan-, Stoff oder Plastikpuppen mit kunstvollen Kleidern, liebevoll restauriert. *Di–So 10–19 Uhr | Dr. Schwambergerstr. 3 | Eintritt 3,60 Euro, Kombiticket mit Krippenmuseum 6 Euro*

SCHMIEDEMUSEUM

Bis ins 16. Jh. wurde in der Schlick, heute ein Skigebiet, Eisenerz abgebaut. Originalwerkzeuge, die man noch im 19. Jh. benutzte, sind zu sehen. *Im Sommer Mi 14–17 Uhr, im Winter nur auf Anfrage | Fachschulgasse 4 | Eintritt 2 Euro | Tel. 05225 69 60 24*

ESSEN & TRINKEN

INSIDER TIPP GASTHOF JENEWEIN

Im ganzen Stubaital finden Sie kaum ein besseres Restaurant. Tiroler Gasthof, mit sehr viel Stil ohne Kitsch eingerichtet. Die Chefin kocht, serviert wird verfeinerte traditionelle Küche. *Di. geschl., nur abends außer So | Herrengasse 17 | Tel. 05225 6 22 91 | www.gasthofjenewein.at | €*

FREIZEIT & SPORT

ADVENTURE PARK

Riesiger Hochseilgarten mit jeder Menge Netzen, Seil- und Holzbrücken, die Kletterer in schwindelerregende Höhen bringen. *April–Okt. tgl. | Fulpmes | Eintritt 22 Euro | Mob. 0664 8 64 49 44 | www.outdoorprofi.at*

MOUNTAINBIKEN

Biker können insgesamt 240 km ausgeschilderte Routen, von der Talrunde fast ohne Steigung bis zu einer Fahrt auf die Pfurtschellhöfe über 2700 Höhenmeter, unter die Reifen nehmen. *Infos in allen Tourismusbüros*

STUBAIER HÖHENWEG

Der Wanderweg führt entlang einer einmaligen Bergkulisse in mehreren Etappen von Hütte zu Hütte. *Infos und Karten unter www.stubaier-hoehenweg.at und in den Tourismusbüros*

ÜBERNACHTEN

SPORTPENSION ELISABETH

Zu den vielen Hotelburgen im Stubaital ist die Sportpension eine gemütliche und komfortable Alternative. Die Zimmer und

Appartements sind geschmackvoll eingerichtet, Sauna und Dampfbad mit Vitalgetränken gratis. *20 Zi. | Oberdorf 2 | Neustift im Stubaital | Tel. 05226 2232 | www.sportpension-elisabeth.at* | €–€€

AUSKUNFT

TOURISMUSVERBAND STUBAI
Bahnstr. 17 | Fulpmes | Tel. 0501 8810 | www.stubai.at

OBERNBERG AM BRENNER
(139 E3) *(J6)*
Die kleine Ortschaft im gleichnamigen Seitental des Wipptals (31 km von Fulpmes, 360 Ew.) hat die letzten Jahrhunderte alles in allem ziemlich verschlafen. Ganz hinten im Tal jedoch, am Fuß der mächtigen Tribulaungruppe, liegt der Obernberger See, ein beliebtes wie schönes Wander- und Ausflugsziel. In einer alten Mühle führt dort der Müller vor, wie man früher Korn zu Mehl verarbeitete *(Vorführungen Do 17–18 Uhr od. nach Voranmeldung | Tel. 05274 87534)*.

Endlich ist der Schnee geschmolzen: Der Frühling kommt nach Obernberg

ZIELE IN DER UMGEBUNG

MATREI AM BRENNER (139 F2) *(J5)*
Die Häuser auf der Brennerstraße im Hauptort des Wipptals (16 km von Fulpmes, 870 Ew.) sind mit opulenten Fassadenmalereien versehen. Leider verstopfen „Mautflüchtlinge" noch immer die Hauptstraße. Bei Matrei zweigt die Straße in den höchstgelegenen Wallfahrtsort Tirols ab, nach *Maria Waldrast*. Vor dem *Klostergasthof (tgl. | Tel. 05273 6219 | www.mariawaldrast.at | €)* liegt eine schöne Terrasse, auf der Sie bei Kaffee und selbst gebackenem Kuchen die Sonne genießen können.

HALL

(131 F5) *(J4)* **Die ehemalige heimliche Hauptstadt des Landes ist heute wohl eine der schönsten mittelalterlichen Städte Österreichs.**

Wie alle Städte, die den alten keltischen Namen für Salz – Hal – in sich tragen, ist auch *Hall* (13200 Ew.) bekannt für seine reichen Salzvorkommen. Seit dem 13. Jh. wurde im Halltal das weiße Gold abgebaut, die Stadt entwickelte sich zu einem wichtigen Handelszentrum, lange bevor Innsbruck an Bedeutung gewann. Die Habsburger ließen hier ab 1477 ihren berühmten Haller Taler prägen, der bis zu Beginn des 19. Jhs. in ganz Europa in Gebrauch war. *www.hall-wattens.at*

SEHENSWERTES

ALTSTADT ★

Einzelhandels- und Handwerksläden in engen Kopfsteinstraßen charakterisieren die mittelalterliche Stadt. *Stadtführungen (Mo, Do, Sa 10 Uhr ca. 1 Std. | 6 Euro | Kombiführung Altstadt u. Bergbaumuseum Mi 17 Uhr | 8 Euro | Treffpunkt: Tourismusinformation, Wallpachgasse 5)*. Weitere Führungen: *www.hall-fuehrungen.at | Treffpunkt: Unterer Stadtplatz 5 | vor dem Gasthof Goldener Engl*

Unten liegen die Taler, darüber wacht in Hall der Münzerturm

BERGBAUMUSEUM

Ein nachgebauter Stollen des 1967 stillgelegten Salzbergwerks lässt Besucher erahnen, wie die Schufterei im dunklen Erdinneren aussah. *Führungen Mo, Do, Sa 11.30 Uhr | Fürstengasse 1 | Eintritt 5 Euro | Tel. 05223 45 54 40 23*

MÜNZE HALL

Die europäische Münzgeschichte wird hier chronologisch rückwärts erzählt – von der modernen 25-Euro-Sondermünze bis zum ersten Haller Guldiner. Vom *Münzerturm* genießen Sie einen herrlichen Blick über die Haller Altstadt. *April–Okt. Di–So 10–17, Nov.–März Di–Sa 10–17 Uhr | Burg Hasegg 6 | Eintritt Münze 6, Turm 4, Kombi Turm u. Museum 8 Euro, Führung mit Audioguide | www.muenze-hall.at*

PFARRKIRCHE SANKT NIKOLAUS

Hoch droben auf den Zinnen wacht der hl. Nikolaus, dem die spätgotische Hallenkirche (15. Jh.) geweiht ist. Das Innere der Kirche wurde im üppigen Barock gebaut. Die zweigeschossige *Magdalenenkapelle* hinter der Kirche stammt aus dem Jahr 1280. *Obere Stadtplatz*

ESSEN & TRINKEN

BAR CENTRALE

Gute Weine und italienisches Essen genießen Sie in diesem gemütlichen Lokal, das mitten in der Altstadt liegt. Abends sollten Sie allerdings unbedingt reservieren, da es oft sehr gut besucht ist. *So geschl. | Schlossergasse 1 | Tel. 05223 5 60 55 | €€*

NEUE GUFL

Ein absoluter Geheimtipp auf 1337 m Höhe, erreichbar über eine kurvige Bergstraße. Von der Terrasse haben Sie einen einmaligen Ausblick, auf den Tisch kommt gehobene heimische Küche, natürlich überwiegend bio in höchster Qualität. Dazu wird Wein aus der hauseigenen Vinothek kredenzt. Was will man mehr? *Mo, Di geschl. | Tulferberg 51 | Tulfes | Mob. 0676 6701554 | www.panoramagasthaus.at* | €€

EINKAUFEN

HALLER BAUERNMARKT

Ganz viel frisches Gemüse, Obst, Käse, Speck und lecker selbstgemachtes Brot direkt vom (Bio-)Bauern können Sie hier kosten und natürlich auch kaufen. *Sa 9–13 Uhr | Oberer Stadtplatz | www.hall-in-tirol.at/336.html*

TUXERBAUER TULFES

Mit dem Auto nur 10 Minuten von Hall entfernt, steht in Tulfes der Bauernhof, auf dem Sie preisgekrönte, selbst gebrannte Schnäpse, jede Menge Würste, Käse und Brot nach Herzenslust probieren und natürlich auch erwerben können. Außerdem gibt es Biofleisch von Rind, Kalb und Schwein. Hereinspaziert: einfach an der Tür läuten. *Schmalzgasse 5 | Tel. 05223 78307 | www.tuxerbauer.at*

ÜBERNACHTEN

INSIDER TIPP GASTHOF BADL

Seit 1676 ist das Badl ein Gasthof und ebenso lange wird es von derselben Eigentümerfamilie geführt. Früher gingen die Hallerinnen und Haller hierher, um sich in einem der sechs Bäder zu waschen. Heute ist das Haus bekannt für eine solide Tiroler Küche und ebensolche Gastlichkeit. Es liegt direkt am Südufer des Inns, über eine Holzbrücke gelangen Sie rasch ins historische Zentrum von Hall. *25 Zi. | Innbrücke 4 | Tel. 05223 56784 | www.badl.at* | €

PARKHOTEL

Ein außergewöhnliches Hotel, dessen einer Teil von dem bekannten Architekten Alois Welzenbacher 1930/31 erbaut wurde und das 2003 einen modernen Glasturm als Kontrapunkt erhielt. Es liegt ruhig und doch nur wenige Gehminuten von der Haller Altstadt. *59 Zi. | Thurnfeldgasse 1 | Tel. 05223 53769 | www.parkhotel-hall.com* | €€€

AUSKUNFT

TOURISMUSVERBAND REGION HALL-WATTENS

Wallpachgasse 5 | Hall | Tel. 05223 455440 | www.hall-wattens.at

ZIELE IN DER UMGEBUNG

INSIDER TIPP HINTERHORNALM

(132 A5) (*J–K4*)

Am Ortsanfang von Gnadenwald (9 km von Hall) zweigt links eine Mautstraße *(4,50 Euro)* ab. Zahlreiche Serpentinen führen auf die 1520 m hoch gelegene, urige Alm. Die Kinder streicheln Lamas, Esel und Ziegen, während Sie bei Deftigem den atemberaubenden Ausblick auf das Inntal genießen. *Mai–Nov. tgl. ab 10 Uhr | Mob. 0664 2112745*

KRISTALLWELTEN ★

(132 A5) (*K4*)

Nahe dem Swarovski-Hauptwerk liegt in *Wattens* (10 km von Hall) die zweitgrößte Touristenattraktion Österreichs nach Schloss Schönbrunn in Wien. Durch den Schlund eines Wasser speienden Riesen betreten Sie die von André Heller erdachte, magische Welt, in der neben Klang- und Farbinstallationen Werke von Picasso, Miró, Dalí oder Warhol die Besucher verzaubern. *Tgl. 9–18.30 Uhr | Kristallweltenstr. 1 | Eintritt 11 Euro | kristallwelten.swarovski.com*

UNTERLAND

Im Tiroler Unterland, von Innsbruck Richtung Osten, öffnet sich das Tal. Die Menschen, so heißt es, haben hier ein sonnigeres Naturell als im Oberland. Wenn Ihnen schroffe Felsen nicht so liegen, sind Sie hier besser aufgehoben als im engen Oberland. Einige der ältesten und früher bedeutendsten Städte Tirols liegen entlang des unteren Inntals, etwa Schwaz und Kufstein, und wichtige Wintersportzentren wie das Zillertal oder Kitzbühel.

KITZBÜHEL

(134 A–B3) (*O3*) **Das Städtchen Kitzbühel (8300 Ew.) wird jeden Winter zum Treffpunkt der High Society. Vor allem rund um das Hahnenkammrennen kommt alles, was Rang und Namen hat.** Im Sommer ist die Atmosphäre im Ort nicht ganz so nobel. Aber wenn Sie in den angenehmen Gassencafés in der Altstadt sitzen, sind Sie umgeben von fein herausgeputzten Herrenhäusern.

SEHENSWERTES

ALPENHAUS

Die wunderbare Aussicht auf Kitzbühel können Sie hier nur im Pulk genießen. Auch das Restaurant hat nichts mehr von einem Idyll. Spazieren Sie lieber bis zum ruhigen *Kitzbüheler Horn (30 Min.)*. Außerdem werden Sie kaum irgendwo anders einfacher ein Foto von sich neben einem Gipfelkreuz (2000 m) schießen

Bild: Schwarzsee mit Kitzbüheler Horn

High Society und Alpinsport vom Feinsten: Die einst wichtigste Bergbauregion Europas hat auch heute noch viel zu bieten

können. Direkt zum Alpenhaus kommen Sie von Kitzbühel über die mautpflichtige *Panoramastraße (9 Euro | ca. 7,5 km)* oder mit der *Hornbahn (tgl. 8.30–17 Uhr | 20,60 Euro | Hornweg 23a | Tel. 05356 69511411 | www.bergbahn-kitzbuehel.at). www.alpenhaus.at*

KIRCHEN

Das ursprünglichste der Gotteshäuser in Kitzbühel ist die gotische *Katharinenkirche* (1365), versteckt zwischen Hotels und Geschäften. Täglich um 11 und 17 Uhr erklingt ihr Glockenspiel. Wichtiger für die Kitzbüheler waren die größeren Kirchen, die Straße hinunter: die *Liebfrauenkirche* (14. Jh.), die durch ihren wuchtigen Wehrturm auffällt, und die spätgotische *Stadtpfarrkirche Sankt Andreas* (14. Jh.). Am Fuß der Treppen liegt der leicht zu übersehende Eingang der kleinen *Spitalskirche* (1412).

MUSEUM KITZBÜHEL

Anders als andere Heimatmuseen ist dieses ein modern gestaltetes Haus.

Im Brixental lässt's sich prima radeln – und entspannen sowieso

Besonders sehenswert sind die Werke des lokalen Malers Alfons Walde. *Juli–Sept. Fr–Mi 10–17, Do 10–20, Okt. Di–Fr 10–13, Sa 10–17 Uhr, Nov. nur für Gruppen auf Anfrage, ab 30. Nov. Di–So 14–18, Do 14–20, Sa 10–18 Uhr | Hinterstadt 32 | Eintritt 6 Euro | www.museum-kitzbuehel.at*

ESSEN & TRINKEN

INSIDER TIPP HUBERBRÄU

Eigentlich ein Einheimischentreff, wohl auch, weil die wohltuende Schlichtheit nicht ganz zum üblichen Kitzbüheler Prunk passt. Günstige, bodenständige und sehr gute Küche. *Tgl. 8–24 Uhr | Vorderstadt 18 | Tel. 05356 65677 |* €

SCHWEDENKAPELLE

Die Winkler-Buben sind von Söll nach Kitzbühel übersiedelt, haben dieses Haus übernommen und sind auch gleich ausgezeichnet worden. Die Karte ist klein und bodenständig und mit viel Liebe zum Detail. *Mi–So 11.30–13.30 u. 18–21 Uhr | Klausenbach 67 | Tel. 05356 65870 | www.schwedenkapelle.com |* €€€

ZUM REHKITZ

Uriges Bauernhaus (16. Jh.), die Speisekarte ist typisch tirolerisch, Spezialität: Schlutzkrapfen. *Hauptsaison tgl. 10–24 Uhr, sonst Mi geschl. | Am Rehbühel 30 | Tel. 05356 66122 | www.rehkitz.at |* €€

EINKAUFEN

Die Kitzbüheler Innenstadt hat vor allem Boutiquen für ihr gehobenes Publikum zu ebensolchen Preisen zu bieten. In den Touristengeschäften findet sich oft überteuerte Ware.

FREIZEIT & SPORT

GOLF

Vier Golfplätze liegen rund um Kitzbühel, etwa der *Golf Club Schwarzsee (Schwarzsee 35 | Tel. 05356 6666070 | www.golf-schwarzsee.at)* oder der *Golfclub Eichenheim (Eichenheim 8 | Tel. 05356 6661 5560 | www.eichenheim.at)*.

SPORTPARK ●

Eislaufen, Curling, Klettern und Tennis – alles auf 10 000 m² unter einem Dach. *Sportfeld 1 | Tel. 05356 20222 | www.sportpark.kitz.net*

WANDERN

Mehr als 1000 km Wanderwege locken Sie auf die Berge. Besonders beliebt ist die Wanderung auf die *Kelchalm (ca. 4 Std.)* mit einem einmaligen Ausblick auf die umliegenden Berge. Oder über die berühmteste Ski-Abfahrtsstrecke der Welt, die *Streif*, wo die Schlüsselstellen der Abfahrt mit Toren gekennzeichnet sind.

AM ABEND

THE LONDONER

Schon seit 30 Jahren ist dieses original englische Pub im Ort ein Garant für viel gute Stimmung und leckeres Bier. *Tgl. | Franz-Reisch-Str. 4 | Tel. 05356 71428 | www.thelondoner.at*

ÜBERNACHTEN

KITZHOF

Das Haus vereint stilvoll Tradition und Moderne. In den 163 Zimmern dominieren Holz, Glas, Loden sowie moderne Möbel. Im Wellnessbereich dürfen die Gäste zusätzlich entspannen. *Schwarzseestr. 8–10 | Tel. 05356 632110 | www.hotel-kitzhof.com* | €€€

HOTEL TIEFENBRUNNER

Die Zimmer sind teilweise mit Himmelbetten ausgestattet. Vom neuen Indoor-Pool haben Sie einen einmaligen Ausblick durch das Panoramafenster auf die Berge. *80 Zi. | Vorderstadt 3 | Tel. 05356 66680 | www.hotel-tiefenbrunner.at* | €€–€€€

AUSKUNFT

KITZBÜHEL TOURISMUS

Hinterstadt 18 | Tel. 05356 66660 | www.kitzbuehel.com

ZIELE IN DER UMGEBUNG

BRIXENTAL

(133 –134 E–A3) *(M–O2)*

Die Orte *Brixen*, *Hopfgarten*, *Kirchberg* und *Westendorf* liegen in der 30 km langen Verbindung zwischen Kitzbühel und

MARCO POLO HIGHLIGHTS

★ **Festung Kufstein**
Gewaltige Burg mit der größten Freiorgel der Welt → S. 52

★ **Achensee-Zahnradbahn**
Die dampfbetriebene Zahnradbahn ist die netteste Art, Tirol zu erleben → S. 58

★ **Rattenberg**
Kleinste Stadt Österreichs – bezauberndste Stadt Tirols mit mittelalterlichem Kern → S. 59

★ **Schwazer Silberbergwerk**
Spannung unter Tage → S. 60

★ **Sankt Georgenberg**
Ältester Wallfahrtsort Österreichs → S. 61

Wörgl. Das Brixental ist durch seine Weitläufigkeit und Lage entlang der Kitzbüheler Alpen eines der schönsten Täler Tirols. Mit seinen Gipfeln, die selten mehr als 2000 m erreichen, ist das Tal perfekt für Berganfänger.

Das beste Restaurant im Tal ist der *Rosengarten (Di u. Mi geschl. | Aschauerstr. 46 | Kirchberg | Reservierung erforderlich | Tel. 05357 42 01 | www.rosengarten-taxacher.com | €€€)*. Der Haubenkoch serviert tolle französisch-mediterrane Kost. Der Ort *Hopfgarten an der Hohen Salve* (1829 m) überrascht mit einem schönen historischen Ortskern. Alljährlich findet hier im August/September ein Kammermusikfest statt *(www.kammermusikfest.net)*.

SCHWARZSEE (134 A3) *(O3)*

3 km von der Gamsstadt entfernt liegt der Schwarzsee, ein warmer Moorsee mitten im Wald. Hier genießen Sie ein herrliches Bad und einen einmaligen Ausblick auf den Wilden Kaiser.

KUFSTEIN

(133 E2) *(N1–2)* **Mächtig thront die gleichnamige Festung über Kufstein, der zweitgrößten Stadt Tirols (18 000 Ew.).**

Eine Fachhochschule macht Kufstein zur zweiten Tiroler Universitätsstadt. Jugendliches Flair und die für eine Studentenstadt typische Barszene fehlen allerdings (noch). Zwischen schönen Bürgerhäusern im Stadtzentrum und der Römerhofstraße mit den bunt bemalten Fassaden geht es eher ruhig und gemütlich zu.

SEHENSWERTES

FESTUNG KUFSTEIN ★

Kaiser Maximilian eroberte 1504 die damals 300 Jahre alte Burg und baute sie aus. Mit dem Schrägaufzug oder zu Fuß kommen Sie hinauf zum 26 000 m^2 großen Areal. Dort beschreibt das *Heimatmuseum* u. a. die Rolle der Festung im Ersten Weltkrieg. Im *Kaiserturm*, dem ehemaligen Gefängnis, sehen Sie die bedrückenden Zellen. Besonders schön ist die *Heldenorgel*, mit 4300 Pfeifen und 36 Registern die größte Freiorgel der Welt. Täglich kurz nach 12 Uhr wird sie gespielt, zum Gedenken an die Gefallenen des Ersten Weltkriegs. *März–Okt. tgl. 9–18, Nov.–April 10–17 Uhr | Eintritt 11 Euro | www.festung.kufstein.at*

HECHTSEE

Der Hechtsee, einer der wärmsten Badeseen Tirols, ist eingerahmt von einem herrlichen Bergpanorama. Er liegt am Fuß des *Thierbergs (www.thierberg.at)*, auf dem eine *Burg (tgl. 8–17 Uhr | Eintritt frei)* aus dem 13. Jh. thront. Im Turm ist ein kleines Museum der Thierberger Schützen untergebracht. Der Ausblick aus 720 m Höhe ist gigantisch.

NÄHMASCHINENMUSEUM

Ein kleines Museum erinnert an den Erfinder der Nähmaschine, Josef Madersperger. Hier, in seinem Geburtshaus, erfahren Sie, warum der Kufsteiner seine technische Errungenschaft am Ende verschenken musste. *Mo–Sa 10–17 Uhr | Kinkstr. 16 | Eintritt freiwillige Spende*

RÖMERHOFGASSE

Die Gasse mit den kunstvollen Malereien auf den Fassaden ist der schönste Teil der Kufsteiner Altstadt. Quer über die Straße verbindet ein Bogen zwei Häuser miteinander. Er gehört zum Hotel *Auracher Löchl (30 Zi. | Tel. 05372 6 21 38 | www.auracher-loechl.at | €€)*, das auch ein berühmtes *Gasthaus (tgl. 11–23 Uhr | Römerhofgasse 3–5 | Tel. 05372 6 21 38 | €€)* ist. In dem über 500 Jahre alten

Haus mit Holzvertäfelungen erdachte Karl Ganzer 1947 das Kufsteinlied. Im Auracher Löchl befindet sich auch der *Stollen 1930*: Die trendige Bar verfügt über die größte Gin-Sammlung der Welt.

ESSEN & TRINKEN

BATZENHÄUSL

Der Wirt mit seinem Schmäh ist ein Unikat in diesem urigen Lokal. Was sonst kann es in Kufsteins ältestem Weinhaus geben außer typischen Tiroler Speisen? *Mi–Sa 12–24 Uhr | Römerhofgasse 1 | Tel. 05372 6 24 33 |* €

INSIDER TIPP THEATERHÜTTE

Das Gasthaus steht auf einem Plateau, von der Terrasse haben Sie einen einmaligen Blick durch ein kleines Tal auf die Festung. Es wird österreichische Küche serviert, die mit interessanten Kreationen verfeinert wird. *Mo/Di geschl. | Obere Sparchen 5 | Tel. 05372 6 14 68 | www.theaterhuette-kufstein.at |* €€

EINKAUFEN

GLASHÜTTE RIEDEL

Hier sehen Sie, wie die exklusiven Riedel-Gläser hergestellt werden. *Mo–Fr 9–12 u. 13–16, Sa 9–17 Uhr | Weissachstr. 28–34 | Tel. 05372 6 48 96 | www.riedel.com*

FREIZEIT & SPORT

ADVENTURE CLUB KAISERWINKL

Flusswander- und Raftingtouren auf der *Kössener Ache. Hüttfeldstr. 65a | Kössen | Tel. 05375 26 07 | www.ack-koessen.at.*

KLETTERSKULPTUR KRAFTWERK KUFSTEIN (125 E2) (*N1–2*)

Die 20 m hohe, schräg anmutende Skulptur an der B 171 neben dem Innkraftwerk Kufstein/Langkampfen ist eine der

Und die Heldenorgel spielt dazu: dramatische Stimmung über der Festung Kufstein

schönsten Outdoor-Kletteranlagen in Tirol. *Bis 22 Uhr beleuchtet | Eintritt frei*

WANDERN

Schönes Wandergebiet ist das INSIDER TIPP **Kaisertal** (125 F1) (*N1*) bei Ebbs, die letzte autofreie Region Tirols. Sie kommen über 285 Stufen in das Tal. Das Kaisertal trennt den Zahmen vom Wilden Kaiser. Der leicht begehbare Wanderweg führt direkt am Kaiserbach entlang bis zum Hans-Berger-Haus beim Talschluss. Die spektakulären Felswände sind ein besonders beliebtes Foto-Motiv.

Jedes Autogeräusch wäre hier eine Sünde: im Wanderparadies Kaisertal

WAVE WÖRGLER WASSERWELTEN

(125 D–E3) (*M2*)

Das größte Erlebnisbad Tirols (13 km von Kufstein), mit Wellenbecken, Solebad, riesigem Saunabereich und der weltweit einzigen Wasserrutschte mit Doppellooping – Fliehkräfte wie in einem Düsenjet (ab 14 Jahre)! Je heißer es draußen ist, desto besser: Es gibt einen INSIDER TIPP Hitzerabatt. *Tgl. 10–22 Uhr | Innsbrucker Str. 112 | Wörgl | Tageskarte 13,90 Euro | Tel. 05332 777330 | www.woerglerwasserwelt.at*

ÜBERNACHTEN

ALPENROSE

22 große, geschmackvolle Zimmer. *Weißacher Str. 47 | Tel. 05372 62122 | www.bestwestern.at/alpenrose* | €€

AUSKUNFT

FERIENLAND KUFSTEIN

Unterer Stadtplatz 8 | Tel. 05372 62207 | www.kufstein.com

ZIELE IN DER UMGEBUNG

EBBS (133 F1) (*N1*)

Seit 1947 besteht der *Fohlenhof Ebbs (tgl. 9–17 Uhr | Schlossallee 31 | Besich-*

tigung 6 Euro | Haflingershow 13 Euro | www.haflinger-tirol.com), die wichtigste Haflinger-Zucht der Welt. Sie können reiten lernen oder in der Kutsche fahren. Im Sommer findet jeden Freitagabend eine Gestütsparade statt. Im Museum stehen alte Kutschen und Wagen.

Nicht weit vom Gestüt liegt der INSIDER TIPP *Raritätenzoo Ebbs (April–Nov. tgl. 9–18 Uhr | Kuruckweg 20 | Eintritt 7,40 Euro | www.raritaetenzoo.at)*. 500 exotische Tiere leben hier auf 20 000 m², Highlight sind die frechen Berberaffen. Der Kinderbauernhof bietet den Kleinen die Möglichkeit, die Tiere zu streicheln. *8 km*

WALLFAHRTSKIRCHE MARIASTEIN

(133 D2) *(M2)*

Der 42 m hohe Bergfried (Burgturm) ragt zwischen Wörgl und Kufstein (13 km) steil nach oben. 142 Stufen müssen Sie emporsteigen, um zur *Gnadenkapelle* zu gelangen. Dort hängt das berühmte gotische Muttergottesbild, das Wallfahrer aus dem deutschsprachigen Raum anlockt. Im unteren Teil können Sie das *Schlossmuseum (tgl. 9–17 Uhr)* besuchen, mit seinen Tiroler Landesinsignien: Zepter und Erzherzogshut.

WILDSCHÖNAU

(133 D–E 3–4) *(M–N 2–3)*

In der Nähe von Wörgl (25 km) befindet sich dieses 24 km lange, beschauliche Tal mit mehrere Weilern, vier Kirchdörfern und mehr als 250 Bergbauernhöfen. Hier gehören Ihnen beim Wandern die Kitzbüheler Alpen noch ganz alleine. Rustikal und gemütlich wohnen Sie in einer der 16 Blockhütten im *Almdorf Wildschönau (Niederau 168 | Mob. 0664 3 00 60 81 | www.almdorf.biz | €–€€)*. Es handelt sich hier um eine schöne Bungalow-Anlage mit Pool, Sauna und einer Grillhütte.

MAYRHOFEN & ZILLERTAL

(132 C4–6) *(L3–5)* **Das Zillertal ist eines der beliebtesten Ziele Tirols: im Winter eines der größten Skisportgebiete, im Sommer perfekt für Familien.** Früher kam man nur mit der dampfgetriebenen Zillertalbahn von Jenbach aus schnell ins Tal. Mittlerweile fährt auf den alten Schmalspurgleisen auch eine moderne Version – die trotz der Schnellstraße nach wie vor häufig genutzt wird. Die saftigen Wiesen auf den flacheren Hängen im vorderen Tal sind ideal zum Wandern. *Mayrhofen* (3800 Ew.), malerisch gelegen zwischen den Dreitausendern der Zillertaler und Tuxer Alpen, ist der wichtigste Tourismusort des Tals und Endpunkt der 32 km langen Zillertalbahn.

SEHENSWERTES

ERLEBNISSENNEREI MAYRHOFEN

Hier erfahren Sie bei Führungen, wer die Löcher in den Käse bohrt. Und kos-

LOW BUDG€T

Im Zentrum von Reith im Alpbachtal liegt einer der kleinsten Badeseen Tirols: große Liegewiese und viel Platz zum Spielen und Planschen. *Dorf 33 | Eintritt 3 Euro, Kinder bis 10 J. gratis*

Mit der Kitzbüheler *Alpen Sommer Card* benutzen Sie 29 Lifte rund um Kitzbühel und sparen mehr als die Hälfte des Normalpreises. *3- bis 14-Tage-Pass ab 45,50 Euro | erhältlich bei den Bergbahnen*

ten sieben verschiedene Sorten des würzigen Zillertaler Käses. *Tgl. 10–15 Uhr | Hollenzen 116 | Eintritt 12,40 Euro (inkl. Verkostung) | Tel. 05285 63 90 60 | www.sennerei-zillertal.at*

FÜGEN (132 C5) (*🕮 L4*)
Fügen (3900 Ew.), malerischer Ort mit viel Party im Winter, war durch seinen Bergbau einst der wichtigste Ort im Zillertal. Die Stollen auf 1800 m besichtigen Sie im *Goldschaubergwerk Spieljoch (Juli–Sept. So–Fr 9–12 Uhr | Eintritt 6,50 Euro)*: Von der Bergstation wandern Sie etwa 30 Min. über den Knappensteig, mit einer alten Grubenbahn geht's dann in den Berg.

SCHLEGEISSPEICHER (140 B3) (*🕮 K6*)
Der Stausee (1800 m) ist Ausgangspunkt für zahlreiche Wanderungen. Von *Ginzling* führt die 13 km lange, malerische Schlegeisalpenstraße vorbei an Wasserfällen und durch vier Natursteintunnels *(Juni–Okt. offen | Maut 12 Euro)*. Multimediashow zur Staudammtechnik im Inneren der 131 m hohen und 725 m langen Staumauer. *Führung 5,50 Euro | www.tauerntouristik.at*

TUXERTAL (140 B–C 1–2) (*🕮 K–L5*)
Der *Hintertuxer Gletscher* ist das einzige Ganzjahresskigebiet Österreichs. Er liegt am Ende des Tuxertals, der hochalpinen Fortsetzung des Zillertals, das von Mayrhofen 800 m bis Hintertux ansteigt. Die Hauptorte sind *Finkenberg* (1550 Ew.) und *Tux* (2000 Ew.). Das Innere des Gletschers erleben Sie im *Natur Eis Palast (nur mit Führung, tgl. ab 10.30 Uhr im stdl. Abstand | Bergstation Gletscherbus | Eintritt 8 Euro | Tel. 05287 85 10 | www.hintertuxergletscher.at)*, einer natürlich entstandenen Glestcherspalte.
Im Herbst bietet der *Finkenberger Schaf- und Haflinger Almabtrieb* einen schönen Kontrast zum Kuh-Almabtrieb im Rest Tirols. Eines der schönsten Wellnesshotels in Tirol ist das *Hotel Alpenhof (63 Zi. | Hintertux 750 | Tel. 05287 85 50 | €€€)* in

Die Zillertaler Höhenstraße führt an traumschönen Naturplätzen vorbei

Tux, u.a mit Riesenhallenbad und Sauna mit Bergblick.

ZILLERTALER HÖHENSTRASSE
(132 B–C6) (*L5*)
Der Ausblick von der 48 km langen Strecke von Ried bis Hippach ist atemberaubend, der höchste Punkt liegt auf 2020 m. Die Straße führt vorbei am Alpengarten bei Kaltenbach, wo einige der seltensten heimischen Gebirgsblumen wachsen. *Mai–Okt. | Maut 8 Euro | Auffahrten in Ried, Kaltenbach, Aschau, Zellberg und Hippach | www.zillertaler-hoehenstrasse.com*

ESSEN & TRINKEN

INSIDER TIPP **KRISTALLHÜTTE**
Trendige, internationale Küche in edlem Ambiente auf 2147 m. Tolles Bergpanorama. In Kaltenbach, im Skigebiet Hochzillertal. *Anfahrt über Zillertaler Höhenstr. oder zu Fuß (ca. 40 Min.) | Mob. 0676 88 63 24 00 | www.kristallhuette.at* | €€–€€€

METZGERWIRT
Traditionsbetrieb in Uderns, seit dem 17. Jh. im Familienbesitz. Die jüngste Generation hat viel Schwung in die Küche gebracht, arbeitet mit heimischen Produkten und viel Phantasie. Die Speisekarte wechselt wöchentlich. *So geschl. | Dorfstr. 6 | Tel. 05288 6 25 59 | www.dermetzgerwirt.at* | €€–€€€

FREIZEIT & SPORT

ERLEBNISTHERME ZILLERTAL
Sauna mit Stimmungslicht, Dampfbäder, Massagen – bei all diesen Angeboten können Sie herrlich entspannen, während sich Ihre Kinder auf der längsten Wasserrutsche Westösterreichs austoben. *Therme tgl. 10–22, Sauna tgl. 13–22, Freibad Mai–Sept. tgl. 9–19 Uhr | Badweg 1 | Fügen | Kombi-Karte Therme und Freibad ab 15,60 Euro | Tel. 05288 6 32 40 | www.erlebnistherme-zillertal.at*

FREIZEITPARK ZELL
Das 45 000 m² große Areal macht seinem Name alle Ehre. Hier gibt es Beachvolleyball, Tennis, Minigolf, Kegeln, ein Erlebnisschwimmbad und einen Kinderspielplatz. *Tgl. 10–21 Uhr | Dorfplatz 3a | Preis je nach Aktivität | Tel. 05282 19 16 30 | www.freizeitparkzell.at*

MOUNTAIN SPORTS ZILLERTAL
Rafting, Kajak oder Canyoning im Fluss Ziller in Mayrhofen. *Hollenzen 75 | Mob. 0664 3 12 02 66 | www.mountain-sports-zillertal.com*

ZILLERTALRADWEG
Der Radweg für die ganze Familie führt zwei Stunden ohne große Höhenunterschiede neben der Zillertalbahn von Strass bis Mayrhofen. *Infos unter www.zillertal.at*

AM ABEND

NIGHT ZONE
Disko, Bar und Lounge für jeden Geschmack. *Do–So ab 21 Uhr | Badweg 3 | www.badwandl.at*

ÜBERNACHTEN

ANNO DAZUMAL
Ein ganzes Feriendorf im traditionellen Stil, von der Almhütte bis zum fürstlichen Chalet. *10 Apt. | Lanersbach 456b | Tel. 05287 8 77 83 0 | www.annodazumal.at* | €€–€€€

INSIDER TIPP **MOUNTAIN & SOUL**
Das Haus erkennen Sie an den rosa und knallgrünen Balkonen. Die Zimmer sind

Gruß aus Skandinavien: Der eiszeitliche Achensee erinnert an einen norwegischen Fjord

in warmen Farben gehalten und nach Themen dekoriert. Wellnessbereich. *19 Zi. | Ramsau 425 | Tel. 05282 22048 | www.mountainandsoul.at | €*

AUSKUNFT

ZILLERTAL TOURISMUS
Bundesstr. 27d | Schlitters | Tel. 05288 87187 | www.zillertal.at

ZIELE IN DER UMGEBUNG

ACHENSEE (124 B2–4) *(🕮 K–L 2–3)*
Langsam schnauft die alte, dampfbetriebene ★ ● *Achensee-Zahnradbahn (Bergfahrt Jenbach–Seespitz 23 Euro, mit Talfahrt 29,50 Euro | www.achenseebahn.at)* aus dem Jahr 1889 von Jenbach (30 km von Mayrhofen) seit 1889 zum größten See Tirols. Am Seespitz können Sie auf eins der vier Ausflugsschiffe der *Achenseeschiffahrt (Mai–Okt. | Rundfahrt 18 Euro)* umsteigen. Steigen Sie bei der *Gaisalm* aus, die nur zu Fuß oder mit dem Schiff erreichbar ist, und genießen Sie ohne Zivilisationslärm hier eine Tasse Kaffee.
Das *Posthotel (150 Zi. | Achenkirch 382 | Tel. 05246 6522 | www.posthotel.at | €€€)* in Achenkirch wurde zum besten Wellnesshotel Österreichs gewählt. Exquisite Zimmer mit viel Holz, ein Haubenlokal und ein versunkener asiatischer Tempel als Saunabereich. Das Haus ist erst Gästen ab 14 Jahren vorbehalten – Eltern sollen sich auch einmal ohne Nachwuchs entspannen können.

ALPBACH (125 D4) *(🕮 M3)*
Hier treffen sich jeden Sommer ab August die Spitzen aus Politik, Gesundheit, Wirtschaft und Finanz zum Europäischen Forum. Ansonsten ist das Dorf beschaulich, die Häuser sind alle im selben Stil gebaut, unten gemauert, oben mit hölzernem Aufbau. Eines der Häuser in Hinteralpbach stammt aus dem Jahr 1638. Der Bauer, der hier aufwuchs, führt durch das *Heimatmuseum (Mitte Mai–Mitte Sept. Mo, Do u. So 13–17 Uhr | Unterberg 34 | Eintritt 2,50 Euro)*.

KRAMSACH (124 C3) *(🕮 L3)*
Im sogenannten Seendorf Tirols (4700 Ew., 40 km von Mayrhofen) finden Sie zahlreiche Badeseen. Auf dem *Museumsfriedhof (Hagau 81)* stehen alte Grabkreuze mit launigen Inschriften wie „Hier schweigt Johanna Vogelsang, sie zwitscherte ein Leben lang".
Für das *Freilichtmuseum Tiroler Bauernhöfe (So vor Ostern–Okt. tgl. 9–17 Uhr | Angerberg 10 | Eintritt 7 Euro | www.museum-tb.at)* hat man 14 verschiedene Höfe aus dem Land abgetragen und hier wieder aufgebaut.

RATTENBERG ★ ● (124 C3) *(🕮 L3)*
Die kleinste Stadt Österreichs und der wahrscheinlich malerischste Ort Tirols (41 km von Mayrhofen) liegt am Fuß des Stadtbergs, der im Winter die Sonne verdeckt. Deswegen hatten die Bürger geplant, riesige Spiegel an der anderen Talseite zu montieren und so die Häuser mit Sonnenstrahlen zu fluten. Doch das ehrgeizige Projekt wurde auf Eis gelegt. Rattenbergs mittelalterliche Altstadt ist eine einzige Fußgängerzone und perfekt zum Bummeln. Im alten *Augustinerkloster (Mai–Okt tgl. 10–17 Uhr | Klostergasse 95 | Eintritt 4 Euro | www.augustinermuseum.at)* sehen Sie sakrale Kunst und die große Klosterkirche. Die Burgruine auf dem Stadtberg war einst die zweitgrößte Burg Tirols. Sie dient heute als Bühne für Theateraufführungen.
Rattenberg ist ein Zentrum der Glasbläserkunst. In vielen kleinen Geschäften können Sie nicht nur Figuren und Vasen kaufen, sondern auch die Gelegenheit nutzen, den Glasbläsern beim Arbeiten über die Schultern zu schauen. Im INSIDER TIPP *Restaurant Malerwinkel (So geschl. | Pfarrgasse 92–93 | Tel. 05337 64232 | www.malerwinkel-rattenberg.com | €€)* sitzen Sie im Bauch des Bergs und genießen Tiroler Kost.

SCHWAZ

(124 B5) *(🕮 K3–4)* **Die ehemalige Silberstadt Schwaz (13 100 Ew.) war im 15. und 16. Jh. die größte Bergbaustadt Europas.**
Wo früher bis zu 3000 t Silber und 57 000 t Kupfer pro Jahr abgebaut wurden, liegt heute ein geschäftiges kleines Städtchen. Der historischen Altstadt und den interessanten Museen sollten Sie unbedingt einen Besuch abstatten.

SEHENSWERTES

ALTSTADT
Der imposante Bau am Ende der Fußgängerzone ist die *Pfarrkirche Maria Himmelfahrt*. Die größte gotische Hallenkirche Tirols zeugt vom Reichtum der ehemaligen Bergbaustadt: 15 000 Kupferschindeln auf dem Dach, die Kirche komplett aus Schwazer Dolomit. Spazieren Sie durch

Heiße Kunst in einer Glasbläserwerkstatt in Rattenberg

die Ludwig-Penz-Straße zum *Fuggerhaus*. Ulrich Fugger baute es im 16. Jh., um seinen Weltkonzern von Schwaz aus zu leiten. Unterhalb des Fuggerhauses steht das *Franziskanerkloster* von 1507. Die Holztür rechts neben dem Kirchentor führt zum beeindruckenden Kreuzgang des Klosters.

INSIDER TIPP HAUS DER VÖLKER

Eine Abwechslung zur Tiroler Tradition bietet das einzige Völkerkundemuseum Westösterreichs. Schwerpunkte sind Afrika und die buddhistische Kunst Asiens. *Tgl. 10–18 Uhr | Sankt Martin 16 | Eintritt 7 Euro | www.hausdervoelker.com*

SCHWAZER SILBERBERGWERK ★ ●

Auf dieser Zeitreise, 800 m tief, erleben Sie, wie die Schwazer Knappen ab 1491 Silber schürften. Ein Führer begleitet Sie durch einen Teil des mehr als 500 km langen Stollensystems. Spannend wird es, wenn gesprengt wird und ein plötzlicher Wassereinbruch im Stollen die Gefahr unter Tag simuliert. *Tgl. Mai–Sept. 9–17, Okt.–April 10–16 Uhr | Alte Landstr. 3a | Eintritt 16 Euro | www.silberbergwerk.at*

ESSEN & TRINKEN

GASTHOF SCHLOSS MITTERHART

In dem Schlösschen aus dem 16. Jahrhundert lässt es sich heute hervorragend essen und schlafen. Die regionale Küche des Restaurants wird unter anderem durch Gewürze aus dem eigenen Kräutergarten verfeinert. Im Sommer ist besonders der herrliche Garten am Innufer ein Erlebnis. *Di–Sa 9–23, So 9–17 Uhr | Innhöfe 3 | Tel. 05242 6 32 85 | www.schloss-mitterhart.at* | €€

FREIZEIT & SPORT

Mountainbiker fahren auf das Geiseljoch, zum Loassasattel oder rund um das Kellerjoch. Wanderer genießen den *Alpenpark Karwendel* mit seinen zahlreichen

BÜCHER & FILME

Andreas Hofer – Die Freiheit des Adlers – Xaver Schwarzenberger inszenierte 2002 aufwendig die Geschichte des Tiroler Freiheitshelden

Tod in Innsbruck – Mörderjagd durch die Innsbrucker Gassen. 2012 erhielt Lena Avanzini für ihren Erstlingsroman den Friedrich-Glauser-Preis

Die Piefke-Saga – Felix Mitterers Meisterstück von 1990 zeigt die zwiespältige Beziehung zwischen dem typisch deutschen Urlauber und dem vom Tourismus abhängigen Tiroler

Susanne Schaber – Tiroler Gratwanderungen – Die Autorin gibt mit ihren lustigen Geschichten tiefe Einblicke in die Tiroler Seele

Sieben Jahre in Tibet – Die Geschichte des österreichischen Bergsteigers Heinrich Harrer spielt zwar im Himalaya, viele Szenen mit Hauptdarsteller Brad Pitt wurden aber 1997 in Osttirol gedreht

Yuvraaj (Prinz) – Einer von vielen Bollywood-Filmen, die in Tirol gedreht wurden. In Indien gelten die schneebedeckten Berge als besonders exotisch

Eine fremde Welt, 800 m tief unter der Erde: im Silberbergwerk Schwaz

Hütten. *Infos im Verkehrsbüro | www.silberregion-karwendel.at*

AM ABEND

EREMITAGE

Seit 1974 hat sich die Eremitage zu einem der besten Jazzlokale in Westösterreich entwickelt und genießt Weltruhm in Jazzkreisen. *Mo–Sa 15–24 Uhr | Innsbrucker Str. 14 | Tel. 05242 6 52 51 | www.eremitage.at*

ÜBERNACHTEN

INSIDER TIPP NATURHOTEL GRAFENAST

Auf 1330 m ist alles bio. Von einzelnen Zimmern aus haben Sie einen Blick ins Tal wie auf eine Kinoleinwand. *24 Zi. | Hochpillberg | Pillbergstr. 205 | Tel. 05242 6 32 09 | www.grafenast.at* | €€–€€€

AUSKUNFT

TOURISMUSVERBAND SILBERREGION KARWENDEL

Münchnerstr. 11 | Tel. 05242 6 32 40 | www.silberregion-karwendel.at

ZIELE IN DER UMGEBUNG

SCHLOSS TRATZBERG

(124 B4) (*K–L3*)

Oft fährt man nur über die Autobahn daran vorbei, dabei rentiert sich der Besuch dieses Jagdschlosses aus dem 15. Jh. Noch heute wohnt eine Grafenfamilie dort. Sie bekommen einen Audioguide, werden von Raum zu Raum geführt und hören die Geschichte des Schlosses. Für Kinder gibt es ein eigenes Hörspiel. *Tgl. Ende März–Anfang Nov. tgl. 10–16, Juli/Aug. bis 17 Uhr | Eintritt 13 Euro | www.schloss-tratzberg.at*

WOLFSKLAMM & SANKT GEORGENBERG (124 B4) (*K3*)

Über den 100-jährigen *Klammweg (Eintritt 3,50 Euro | Dauer 1 Std.)* geht es von Stans (3 km von Schwaz) entlang schroffer Felsen vorbei an Wasserfällen durch die Wolfsklamm – ein einmaliges Naturerlebnis. Ziel des interessanten und schönen Ausflugs ist der älteste Wallfahrtsort Österreichs, das mehr als 1000 Jahre alte Benediktinerstift ★ *Sankt Georgenberg*. Zurück geht es über den Wallfahrtsweg.

OBERLAND

Vom Arlberg bis Innsbruck reicht die obere Hälfte des Inntals, das Oberland. Das Tal ist hier noch eng und schroff, die Berge sind höher als im Unterland.

Mächtige Skischaukeln mit modernsten Gondeln befördern viele Wintergäste schnell auf den Berg, dazu gibt es Après-Ski und riesige Bettenburgen. Im Sommer geht es gelassener zu: Die Après-Ski-Bars sind dicht, die Täler ruhiger – und die Berge voller Vielfalt für Aktive.

IMST

(129 F6) (*🕮 E4*) **Imst (9600 Ew.) war immer Verkehrsknotenpunkt – wegen der günstigen Lage am Pitztal-Eingang und am Übergang zum Außerfern.**

Die Stadt hat sich in den letzten Jahren zur Metropole des Oberlands mit Shoppingzentren sowie einem Industrie- und Einkaufsviertel gewandelt. Hermann Gmeiner gründete hier nach dem Zweiten Weltkrieg das erste SOS-Kinderdorf, um Kriegswaisen ein Heim zu geben. 18 historische Brunnen stehen in der Stadt und versorgten einst die Bevölkerung mit Wasser.

SEHENSWERTES

INSIDER TIPP **HAUS DER FASNACHT**

Masken und Fasnachtsfiguren, die sonst nur alle vier Jahre beim Schemenlauf zu bewundern sind. *Fr 16–19 Uhr | Streleweg 6 | Eintritt 4 Euro | www.hausderfasnacht.at*

Bild: Aussichtsplattform am Tiefenbachgletscher

Die Atmosphäre auf der Sonnenmeile Tirols wechselt mit den Jahreszeiten – ruhig im Sommer, Après-Ski-Zirkus im Winter

KNAPPENWELT GURGELTAL

Im nachgebauten Bergarbeiterdorf aus dem 16. Jh. in Tarrenz wird im Stollen gezeigt, wie früher Blei (zur Gewinnung von Silber) abgebaut wurde. Außerdem: Ausstellung zum Leben der Knappen. *Mai–Okt. Di–So 10–17 Uhr | Tschirgant 1 | Eintritt 7 Euro | www.knappenwelt.at*

ROSENGARTENSCHLUCHT

Auf 1,5 km geht es über einen Holzsteig und durch Tunnels entlang am wildromantischen Schinderbach. Beeindruckend sind die Felswände, die bis zu 100 m emporragen. Der Einstieg, bei dem früher ein Rosengarten war, liegt gleich hinter der Johanneskirche. Der Weg führt Sie weiter zur blauen Grotte, ein niedriger, 35 m hoher Gang, in dem die Römer Silbererz vermuteten.

ESSEN & TRINKEN

HIRSCHEN

Klassisches Tiroler Wirtshaus mit leckerem Menü: Lassen Sie sich Lammrücken-

Feuchter Ritt über aufgewühltes Wasser: Raftingabenteuer bei Imst

filet oder Tiroler Rostbraten schmecken. *Tgl. | Thomas-Walch-Str. 3 | Tel. 05412 69 01 | www.hirschen-imst.com | €€*

FREIZEIT & SPORT

Imst ist eine Hochburg österreichischer Weltklasse-Kletterer. Profis und Gäste, die erste Kletterversuche wagen wollen, treffen sich im *Kletterzentrum (Mo–Fr 14–22, Sa/So 10–18 Uhr | Am Raun 25 | www.kletterhalle.com)* bei idealen Trainingsbedingungen. Mountainbiker erreichen zahlreiche Ziele, etwa die Untermarkter Alm (1491 m) oder die Latschenhütte (1623 m). *Infos im Verkehrsbüro*

ÜBERNACHTEN

SCHLOSSHOTEL POST IMST

Stilvoll wohnen Sie im 600 Jahre alten Haus und Adelssitz. Die 35 sehr komfortablen Zimmer sind mit antikem Mobiliar ausgestattet. *Eduard-Wallnöfer-Platz 3 | Tel. 05412 6 65 55 | www.post-imst.at | €€*

AUSKUNFT

TOURISMUSVERBAND IMST-GURGLTAL

Johannesplatz 4 | Tel. 05412 6 91 00 | www.imst.at

ZIEL IN DER UMGEBUNG

PITZTAL

(137 F1–138 A1–4) (*🕮 E–F 5–7*)

Der Tourismus in dem 40 km langen Tal (3 km von Imst) kam lange nicht in Gang. Vor allem im vorderen Teil des Tals, in den Orten *Arzl* (3000 Ew.) und *Wenns* (2000 Ew.), ist die Ursprünglichkeit bis heute erhalten. Weiter hinten, in *Jerzens* (1000 Ew.) und *Sankt Leonhard* (1400 Ew.), regieren hingegen Massentourismus und Bettenburgen. Sehenswert ist das *Platzhaus (Matthäus-Vischer-Platz 35)* in Wenns. Das ehemalige Richterhaus wurde im 16. Jh. mit biblischen Szenen bemalt.

In Sankt Leonhard bringen Sie die Pitzexpress-Bahn und die Panoramabahn auf den *Hinteren Brunnenkogel*, den höchsten Punkt, den Sie in Österreich mit einer Seilbahn erreichen können (3340 m).

LANDECK & DAS OBERE GERICHT

(137 D–E 1–4) (*C–D 5–7*) **Das Inntal von der Schweizer Grenze bis nach Landeck heißt Oberes Gericht, weil die Region bis in die 1970er-Jahre ein eigener Gerichtsbezirk war.**

Das Tal liegt eingebettet zwischen den Ötztaler Alpen und der Samnaun-Gruppe. Landeck (7800 Ew.), von Westen her kommend die erste große Stadt im Inntal, hat einen schönen Stadtkern mit freskengeschmückten Bürgerhäusern. Hier lässt es sich gut einkaufen. Touristisch bedeutender sind aber *Fiss* und *Serfaus* am Sonnenplateau sowie das *Kaunertal*, das sich entlang der Gipfel des schroffen Kaunergrats entlangzieht.

SEHENSWERTES

FLIESS (137 E2) (*D5*)

Der kleine Ort (1073 m, 2900 Ew.) hat einige Schätze zu bieten: Das *Archäologische Museum (Mai–Okt. Di–So 10–12 u. 15–17 Uhr | Fließ 89 | Eintritt 6 Euro | www.museum.fliess.at)*, gegenüber dem modernen *Dokumentationszentrum Via Claudia Augusta* (s. S. 71), zeigt Artefakte aus der Bronze- und Eisenzeit. Hinter dem Torbogen steht die gotische *Masskirche*. Über ein paar Stufen im Inneren gelangen Sie in die Krypta, wo die gut erhaltenen Reste einer alten Kapelle aus dem 6. Jh. zu bestaunen sind. Über eine kurvenreiche Straße geht es hinauf zum INSIDER TIPP *Naturparkhaus Kaunergrat (Juni–Sept. tgl. 10–18, Okt.–Mai tgl. 10–17 Uhr | Gachenblick 100 | Eintritt 4 Euro | www.kaunergrat.at)*, das Ihnen die Tier- und Pflanzenwelt des 550 km² großen gleichnamigen Naturparks näherbringt. Von der Dachterrasse haben Sie einen einmaligen Ausblick, unweit des Hauses liegt ein historischer Brandopferplatz.

SCHLOSS LANDECK ★

Das Schloss aus dem 13. Jh. beherbergt eines der besten *Heimatmuseum* des Landes. Neben Ausstellungsstücken, die das Leben in der Region beleuchten, wird hier überraschend kritisch mit der Vergangenheit umgegangen. Beispielsweise werden die Hintergründe beleuchtet, warum im 19. Jh. viele Menschen

MARCO POLO HIGHLIGHTS

★ **Schloss Landeck**
Im schönsten Heimatmuseum Tirols wird kritisch beleuchtet, warum zahlreiche Tiroler im 19. Jh. ihre Heimat verlassen mussten → S. 65

★ **Silvretta-Hochalpenstraße**
Einmalige Aussicht auf der Verbindung zwischen Tirol und Vorarlberg → S. 68

★ **Sankt Anton am Arlberg**
Auch angehende Könige sind im noblen Skiort schon auf den Brettern gestanden → S. 69

★ **Ötzi-Dorf**
Besuch in der Steinzeit beim ältesten Tiroler → S. 70

★ **Stift Stams**
Mächtiges Zisterzienserstift mit barockem Festsaal und achteckigen Türmen → S. 73

Tirol verlassen mussten und welch zwielichtige Rolle die Heimatgemeinden der Auswanderer spielten. *April–Okt. tgl. 10–17, Mitte Dez.–6. Januar tgl. 13–17 Uhr | Schlossweg 2 | Eintritt 7,50 Euro | www.schlosslandeck.at*

Wer Schloss Landeck besucht, erfährt viel über das Leben in Tirol

SERFAUS-FISS-LADIS

(137 E2–3) (*D6*)

Die drei wichtigsten Tourismusorte der Region liegen auf dem Sonnenplateau. *Ladis* (600 Ew.) ist das ursprünglichste Dorf. Viele der Häuser sind mit schönen Malereien an den Fassaden verziert. Die *Burg Laudeck (Juli–Sept. Mi 9–11.15 Uhr alle 45 Min. | Eintritt 2 Euro)* (13. Jh.) thront auf einem Fels über dem Ort.

Serfaus (1000 Ew.) ist fast autofrei, eine kurze U-Bahn führt durch das Dorf und transportiert im Winter Skifahrer. Adrenalin-Junkies freuen sich auf den *Sommerfunpark Fiss (Juni–Okt. tgl. 8.30–17 Uhr | bei der Talstation der blauen Gondelbahn | www.sommerfunpark.at)*.

ESSEN & TRINKEN

FEUER UND FLAMME

Gegrillt wird hier direkt am Tisch. Jeden Tag gibt es eine andere Tiroler Spezialität. Das Ambiente ist authentisch im Tiroler Stuben-Stil, die Gerichte sind modern, es gibt sogar eine eigene Weinlinie. *Di/Mi geschl. | Grunesweg 14 | Ladis | Tel. 05472 22055 | www.ladizium.at/de/restaurant/feuerflamme.html* | €€–€€€

GASTHOF BERGHOF

Mehrfach ausgezeichnete Küche mit Blick auf die Bergkulisse, in der alte Rezepte (z. B. Schledernocken) wieder neu belebt werden. *Di geschl. | Greit 364 | Pfunds | Tel. 05474 5254 | www.berghof-pfunds.com* | €€

GASTHOF GEMSE

Stark saisonal geprägte Küche im ältesten Gebäude von Zams: im Frühjahr

Spargel, im Sommer Pilze und Beeren, im Herbst Wild und im Winter das Tiroler Berglamm – vieles aus eigener Landwirtschaft. *Mi geschl. | Hauptplatz 1 | Tel. 05442 6 24 78 | www.postgasthof-gemse.at | €€*

NEUER ZOLL

Ziegenprodukte höchster Qualität stehen im Vordergund, etwa Schlutzkrapfen mit Ziegenkäse oder Ziegenbockbraten auf Rotweinsoße. *Mi geschl. | Niedergallmigg 45 | Fließ | Tel. 05449 2 00 77 | €–€€*

EINKAUFEN

BRENNEREIDORF STANZ

(137 D1) *(🕮 D5)*

Stanz brennt: Der kleine Ort (650 Ew) auf der Sonnenterrasse über Landeck hat 54 Schnapsbrennereien *(www.brennereidorf.at)*. Mehrfach ausgezeichnet und in ganz Tirol bekannt ist die INSIDER TIPP *Feindestillerie Kössler (nach tel. Anmeldung | Stanz 57 | Tel. 05442 6 12 00 | www.edelbraendetirol.at)*. Christoph Kösslers Heim ist das Geburtshaus des Barockbaumeisters Jakob Prandtauer, hier können Sie die edlen Brände verkosten und kaufen sowie die Brennerei besichtigen.

FREIZEIT & SPORT

35 Touren gibt es für Mountainbiker von Landeck bis zum Reschenpass, etwa die *Kuhalmrunde* bei Fiss (20 km, mittel) oder die alte *Schmugglerroute* (55 km, schwer). In Serfaus-Fiss-Ladis nimmt die Gondel das Bike mit. Zum Wandern lädt vor allem das *Sonnenplateau*, etwa vom Fisser Joch *(Schönjochbahn)* über den Spinnseerundweg oder vom Lazid *(Komperdellbahn)* über den Murmeltierrundweg. *Infos in den Verkehrsbüros*

ÜBERNACHTEN

HAUS FROMMES

Klein und besonders: Jedes Zimmer gestaltete ein Künstler, viel Holz prägt die Räume, Gemälde zieren die Wände, das Frühstück wird auf feinem Porzellan serviert. *13 Zi. | Kelleweg 10 | Fiss | Tel. 05476 5 35 45 | www.frommes.at | €–€€*

HOTEL JÄGERHOF

2 km von Landeck entfernt befindet sich dieses traditionelle Hotel, das allen Ansprüchen genügt und dennoch preisgünstig ist. *63 Zi. | Hauptstr. 52 | Zams | Tel. 05442 6 26 42 | www.jaegerhof-zams.at | €*

AUSKUNFT

FERIENREGION TIROL WEST

Malserstr. 10 | Landeck | Tel. 05442 6 56 00 | www.tirolwest.at

ZIELE IN DER UMGEBUNG

ISCHGL (136 B3) *(🕮 B6)*

Auch wenn es die Ischgler nicht gern hören: Saufmeilen und Après-Ski-Gelage haben Ischgl (30 km von Landeck) zum Ballermann der Alpen verkommen lassen. Auf der *Idalpe* (2320 m) geben sich jeweils Anfang und Ende der Saison die Popstars ein Stelldichein, Paris Hilton trifft man regelmäßig in der größten Disko des Dorfs, im *Pacha (Madleinweg 2 | www.pacha.at)*. Es gehört zu einem der besten Designhotels in Tirol: dem *Madlein (74 Zi. | Madleinweg 2 | Tel. 05444 52 26 | www.ischglmadlein.com | €€€)*. Das Haus ist topmodern, bietet viel Eleganz, tollen Ausblick und ist im Sommer gar nicht so teuer, wie man annehmen könnte.

Drei-Hauben-Koch Martin Sieberer vom besten Restaurant des Oberlandes, der

Paznaunerstube (Di geschl. | Dorfstr. 95 | Tel. 05444 6 00 | www.trofana.at | €€€), ist bekannt für sein butterweiches Paznauner Schafl oder sein Wild aus eigener Jagd, das er mit einer großen Portion Phantasie verfeinert.

KAUNERTAL

(137 E–F 2–5) *(D–E 6–7)*

12 km hinter Landeck zweigt das Tal ab, das zum zweitgrößten Gletscher Österreichs führt: dem *Gepatschferner*. Hin kommen Sie am Ende des Tals über die *Kaunertaler Gletscherstraße (Maut 23 Euro)* über 26 km und 29 Kehren am malerischen Gepatschspeichersee vorbei. Am Anfang des Kaunertals führt Sie der Weg an der INSIDER TIPP *Fischer Ranch (Mai–Juni u. Sept. Mi–So, Juli–Aug. tgl. 11–21 Uhr | Kaunertalerstr. | Tel. 05472 2 03 97 | www.fischerranch.at | €)* vorbei. In einem der Teiche vor der kleinen Holzhütte suchen Sie sich Ihren Fisch selbst aus. Frische ist also garantiert.

Beeindruckend ist die *Burg Berneck (Juli–Sept. Do 11 u. 15, Fr 11 Uhr | tel. Anmeldung 05472 63 32)* aus dem 12. Jh. (im 15. Jh. restauriert), die 130 m über dem Faggenbach den Weg über den Pillersattel ins Pitztal bewacht und in der Kaiser Maximilian I. wohnte, wenn er in der Region auf der Jagd war.

SILVRETTA-HOCHALPENSTRASSE ★

(136 A4) *(A7)*

In Galtür, 10 km hinter Ischgl, kommen Sie auf die Silvretta-Hochalpenstraße, die Tirol mit dem Vorarlberger Montafon verbindet. Auf der Bielerhöhe liegt der *Silvrettasee* (2032 m), der einzige See Europas auf über 2000 m, auf dem ein Motorschiff fährt. Sie haben einen herrlichen Ausblick auf die Berglandschaft Tirols. Übernachten können Sie in Galtür prima im INSIDER TIPP *Rifugio Galtür (Galtür 109 | Mob. 0664 2 31 40 11 | www.rifugio-galtuer.at | €)*, bestehend aus zwei Ferienhäusern, erstellt mit natürlichen Baustoffen, hauptsächlich Holz – mit Sauna im Dachgeschoss. Frühstück gibt es im Hotel Paznaunerhof gegen einen Aufpreis von 10 Euro. Zwei empfehlenswerte Ferienwohnungen für insg. bis zu 24 Personen.

DIE GEIERWALLY

Die wohl bekannteste literarische Figur Tirols ist die Geierwally. Seit die Schrifstellerin Wilhelmine von Hillern den gleichnamigen Roman 1875 veröffentlichte, wurde die Geschichte um die junge Frau, die mutig ein Geierküken aus einem Nest in der Steilwand holt, vielfach neu interpretiert. Auf einen Stummfilm von 1921 folgte 1940 eine Neuverfilmung, die im Ötztal gedreht wurde und die Blut- und Bodenromantik der damaligen Zeit spiegelt. Neben weiteren Filmen, darunter eine schräge Trashparodie von Walter Bockmayer (1988), entstanden Theaterstücke und ein Musical. Dem Plot liegt eine wahre Begebenheit zugrunde: Anna Stainer-Knittel, echtes Vorbild für die literarische Geierwally, wurde Mitte des 19. Jhs. im Lechtal geboren, studierte an der Kunstakademie und gründete eine Malschule für Frauen in Innsbruck. Die Geierwally wurde so zum Symbol für Emanzipation: Sie heiratete den Mann, den sie liebte, und ergriff einen Beruf – beides gegen den Willen des Vaters.

Alpine Asphaltschönheit mit ausladenden Kurven: Silvretta-Hochalpenstraße

SANKT ANTON AM ARLBERG ★
(136 B2) (*🕮 B5*)

Sankt Anton (1300 m, 2400 Ew., 25 km von Landeck) hat sich dem edlen Tourismus verschrieben – auch die britische Königsfamilie war schon hier zum Skifahren. Die *Gallzigbahn* ist eine der modernsten Seilbahnen Österreichs mit einer außergewöhnlichen, glasdominierten Architektur.

Ein Hotel, das einen Kontrast zu den üblichen traditionellen Unterkünften bildet, ist das INSIDER TIPP *Pepis Skihotel (22 Zi. | Dorfstr. 2 | Tel. 05446 28 30 60 | www.pepis.info | €€)*. Die hübschen Zimmer sind sehr modern, mit viel Holz ausgestattet und strahlen eine jugendliche Atmosphäre aus.

OETZ & DAS ÖTZTAL

(138 A–B 1–4) (*🕮 F5–7*) **Ötzis Heimat könnte widersprüchlicher nicht sein: Im ruhigen Hauptort Oetz haben sich ein jahrhundertealter Dorfkern und dörfliches Leben erhalten, während Sölden ganz auf junges, ausgehfreudiges Publikum setzt.**

Nicht umsonst wird Sölden mit seinen Diskos und Bars das „Ibiza des Winters" genannt. Im längsten Seitental des Inn (65 km), inmitten der Ötztaler Alpen, liegt der höchste Berg Tirols: die *Wildspitze* (3768 m). Das *Ötztal* ist niederschlagsarm und das Klima mild, Bedingungen, die Oetz auch den Beinamen „Meran des Nordens" eingebracht haben.

SEHENSWERTES

LÄNGENFELD (138 B2) (*🕮 F6*)

Der ruhige Luftkurort Längenfeld *(17 km von Oetz | www.laengenfeld.com)* ist mit 4400 Ew. der größte Ort des Tals.

Im *Ötztaler Heimat- und Freilichtmuseum (Juni–Sept. Mo–Fr 10–12 u. 14–17, Sa 14–16, Mai u. Okt. Di u. Do 10–12 u. 14–16 Uhr | Lehn 24 | Eintritt 5 Euro | www.oetztal-museum.at)* sind ein Wohn- und

So lebte es sich in der Steinzeit: Alltagsszenen aus dem Ötzi-Dorf

mehrere Wirtschaftsgebäude zu besichtigen, die Ihnen einen Eindruck vermitteln, wie schwer das Leben im Ötztal für die Bauern früher war. Noch bis in die 1950er-Jahre mussten sie und ihre Familien in dieser Gegend vom Flachsanbau leben.

OETZER DORFKERN

Das Ortszentrum ist in seiner Ursprünglichkeit erhalten geblieben, Lüftlmalerei (Fassadenmalerei) ziert viele Häuser. Besonders schön ist die 300 Jahre alte Stube im INSIDER TIPP *Gasthof Stern (12 Zi. | Kirchweg 6 | Tel. 05252 63 23 | www.gasthof-zum-stern.at | €)* von 1611, dem ehemaligen Gerichtssitz. Essen gibt es nur auf Bestellung oder für Hausgäste, Kaffeetrinken ist aber für alle möglich. Die Straße führt hinauf zur spätgotischen *Pfarrkirche zum heiligen Georg und Nikolaus* mit schönen Deckenfresken und einem sagenhaften Ausblick über das halbe Ötztal.

ÖTZI-DORF ★ ● (138 B2) (*F5*)

In diesem Freilichtmuseum erfahren Sie, wie der berühmte Steinzeitmann lebte. *Mai–Okt. tgl. 9.30–17.30 | Umhausen | Eintritt 6,80 Euro, Führungen gratis | www.oetzidorf.at*

Gleich hinter dem Ötzi-Dorf führt der Weg – teilweise steil – aufwärts zum größten Wasserfall Tirols, dem *Stuibenfall*. Entstanden ist er vor 9000 Jahren durch einen Felssturz, der das Bachbett versperrte. Seither stürzen bis zu 2000 l pro Sekunde über den 156 m hohen Stuibenfall. Auf insgesamt fünf Plattformen kommen Sie ganz nah an das Wasser heran. Gehen Sie bis zur obersten *(ca. 2 Std.)*, der Blick lohnt sich.

PIBURGER SEE (138 A1) (*F5*)

Der Bergsee (913 m, 3 km von Oetz), liegt malerisch im Wald in einer Senke, die durch eine Naturkatastrophe entstand: Nach der letzten Eiszeit staute ein Felssturz das Wasser in dem kleinen Tal. Es wird im Sommer bis zu 24 Grad warm, im Süden ist ein gemütliches Strandbad.

INSIDER TIPP ROFENHÖFE (138 A1) (*F8*)

Besser als im hintersten Winkel des Ötztals kann man sich in Tirol nicht verstecken. Das wusste im 15. Jh. auch Herzog Friedrich, der Zuflucht suchte, weil er den falschen Papst unterstützt hatte. Heute sind die Rofenhöfe auf 2014 m die höchst gelegenen ständig bewirtschafteten Höfe der Ostalpen. Sie haben einen tollen Blick auf das Bergpanorama und, über die nahe Hängebrücke, in die 31 m tiefe Schlucht. Übernachten und einkehren können Sie im *Geierwallihof (Vent | Tel. 05254 8145 | www.geierwallihof.at | €)*. Die Aussicht aus den Zimmern nach dem Aufstehen macht jeden Morgen perfekt.

SÖLDEN (138 B3–4) (*F7*)

Der Tiroler Tourismus hatte hier eine seiner Keimzellen: Vor 150 Jahren gab es gerade einmal fünf Gasthäuser, mittlerweile finden Sie kaum ein Haus, in dem nicht Zimmer an Touristen vermietet werden. Mit der Erschließung der Gletscher wurde der Winter die wichtigste Saison, mittlerweile tut sich auch im Sommer einiges auf den vielen Wanderwegen und Klettersteigen.

Sie sollten auf jeden Fall eine Fahrt mit der Gondel auf den *Gaislachkogel (tgl. 9–16 Uhr | Talstation Dorfstr. 115 | 25 Euro für Berg- und Talfahrt)* unternehmen,der Blick von den Aussichtsplattformen ist einmalig. Im Winter und im Sommer entweder *Tiefenbachferner* oder *Rettenbachferner (tgl. 9–16 Uhr | Gletscherstr. | Eintritt je 14,50 Euro)*. Ziehen Sie sich warm an, die Plattformen liegen auf über 3000 m Höhe!

INSIDER TIPP TURMMUSEUM

Der Turm im Oetzer Dorfkern war im Mittelalter Wohnsitz einer Adelsfamilie, ab dem 17. Jh. Verwaltungssitz der Ländereien des Klosters Frauenchiemsee in Bayern. Heute beherbergt er eines der schönsten Museen Tirols. Unter den Gemälden finden Sie echte Schmuckstücke. Im Café gibt es selbst gebackenen Kuchen. *Mitte Mai–Ende Okt., Mi–So 14–18, Mitte Dez.–2. Feb., Mitte Feb.–Ostern Do–So 14–18 Uhr Uhr | Schulweg 2 | Oetz | Eintritt 5 Euro | www.turmmuseum.at*

ESSEN & TRINKEN

ÖTZTALER STUBE

Zwei-Hauben-Koch Gottfried Prantl verwöhnt Sie mit internationalen Gerichten und feinen Tiroler Rezepten. Das Restaurant gehört zu einem der besten Wellnesshotels *(121 Zi. | €€€)* im Ötztal. *Sommer Mi 19–21.30, Winter Mi–So 19–21.30 Uhr | Central Spa Hotel, Hof 418 | Sölden | Tel. 05254 22 60 | www.central-soelden.at | €€€*

VIA CLAUDIA AUGUSTA

Die Straße, fertiggestellt 47 n. Chr., war die wichtigste Verbindung zwischen der römischen Hauptstadt und den Lagern im Norden an der Donau. Beim Eintritt nach Tirol folgt sie dem Inn bis Landeck und Imst und führt dann über den Fernpass nach Reutte, von dort bis Augsburg. Zahlreiche Schilder weisen auf die *Via Claudia Augusta* hin, in vielen Museen im Tiroler Oberland sind römische Funde zu sehen. In Fließ steht ein modernes *Dokumentationszentrum (Mai–Okt. Di–So 10–12 u. 15–17 Uhr | Fließ 89 | Eintritt 6 Euro | www.museum.fliess.at)*. Die Via kann auch mit dem Rad befahren werden. *www.viaclaudia.at*

VINORANT

Wer Wild mag, ist hier richtig. Manche sagen, es sei das beste Restaurant im Tal, auf jeden Fall ist es sehr exquisit. Auch die Weinkarte kann sich sehen lassen. *Do–Di 18–24, So auch 11–14 Uhr | Oberlängenfeld 47a | Mob. 0664 4 01 43 15 | www.vinorant.at | €€€*

FREIZEIT & SPORT

AQUA DOME

Das Heilwasser in der modernsten Therme Österreichs sprudelt aus 1800 m Tiefe an die Oberfläche – versetzt mit Natrium, Sulfid, Chlorid und Schwefel. Top-Architektur, die Schwimmbecken sind auf Stelzen gebaut. Modernste Sauna, Dampfbäder. *Tgl. 9–23 Uhr | Oberlängenfeld 140 | Längenfeld | Eintritt Mo–Fr 19 Euro/3 Std., Sa/So 22 Euro/3 Std., Sauna 13 Euro extra | Tel. 05253 64 00 | www.aqua-dome.at*

LOW BUDG€T

Für 14 Euro pro Aufenthalt nehmen Sie mit dem *Freizeitpass Pitztal* an kostenlos geführten Wanderungen teil, an Mountainbiketouren, Sie benutzen den Wanderbus und die Kinder amüsieren sich im Kinderclub. *Tourismusverband Pitztal (Unterdorf 18 | Wenns | Tel. 05414 8 69 99 | www.pitztal.com)*

Wenn Sie hinter dem Kulturhaus in Fiss den Wiesenweg entlanggehen, finden Sie den *Wolfsee* mit einem einzigartigen Kinderspielplatz. Tolle Aussicht von der Hängematte oder Holzliege aus, Unerschrockene baden im See.

AREA 47

Die Liste der Superlative ist lang in diesem weltweit einzigartigen Outdoorpark: Hier finden Sie mit fast 30 m Österreichs höchsten Sprungturm, die steilsten Wasserrutschen (60 Prozent) und einige der höchsten Kletterwände. Auf mehr als 60 000 m² können Sie 35 Sportarten ausprobieren, im Flying Fox über das Gelände schweben oder durch die Luft geschossen werden. Die Preise für die einzelnen Attraktionen sind allerdings nicht zu verachten *(Beispiele: Flying Fox 23 Euro, Rafting ab 52 Euro, Hochseilgarten 43 Euro, Kletterwand Tageskarte 8 Euro)*. Übernachten können Sie in hölzernen Tipis auf Matratzen *(Schlafsack mitbringen | 23 Euro)* oder komfortabler in Holzbungalows *(37 Euro)*. Benannt ist der Park nach seiner Lage am 47. Breitengrad. *Ende April–Mitte Okt. tgl. 8.30–18 Uhr | Ötztaler Achstr. 1 | Ötztal Bahnhof | Tel. 05266 8 76 76 | www.area47.at*

MOUNTAINBIKEN

Der *Ötztal-Mountainbike-Trail* führt über 135 km und 3000 Höhenmeter vom Talanfang bis zum Gletscher, ist in Etappen fahrbar und bietet alle Schwierigkeitsgrade *(Karten in allen Tourismusbüros)*. Geführte Radtouren bietet u. a. *Vacancia Total (Dorfstr. 11 | Sölden | Tel. 05254 31 00 | www.vacancia.at)*.

WASSERCRAFT

Gemütliche Familientour auf dem Inn, Wildwasserrafting oder Canyoning. *Ambach 29 | Oetz | Tel. 05252 67 21 | www.rafting-oetztal.at*

AM ABEND

OILERS69

Die ehemalige Tankstelle ist ein In-Treffpunkt im Tiroler Oberland. Auf der Straße grüßt ein Skelett aus einem verrosteten Pick-Up. Drinnen erinnert die Bar an eine Raststätte an der Route 66 in den 1950er-Jahren. *Mo geschl. | Bundesstr. 9 | Haiming | Tel. 05266 87410 | www.oilers69.net*

ÜBERNACHTEN

POSTHOTEL KASSL

Im ältesten Hotel im Ötztal (1605) soll Robert Musil seinen berühmten Roman „Mann ohne Eigenschaften" geschrieben haben. Das Hotel ist trotz seiner Geschichte von mehr als 400 Jahren modern und schön eingerichtet. Mit Sauna- und Wellnessbereich, Hallenbad. *50 Zi. | Hauptstr. 70 | Oetz | Tel. 05252 6303 | www.posthotel-kassl.at* | €–€€

INSIDER TIPP WALDKLAUSE

Eine wahre Oase, eingebettet in die Natur, in schönem Design und von einem Internetportal zu einem der 25 besten Hotels weltweit gewählt. Mit großem Wellnessbereich innen und außen. *55 Zi. | Unterlängenfeld 190 | Tel. 05253 5455 | www.waldklause.at* | €€€

AUSKUNFT

ÖTZTAL TOURISMUS

In jedem Ort im Ötztal gibt es eine Touristeninformation. In *Ambach (Ambach 26)*, in *Oetz (Hauptstr. 66)*. Für alle: *Tel. 057 200200 | www.oetztal.com*

ZIEL IN DER UMGEBUNG

STIFT STAMS ★ (140 B5) (*🕮 F4*)

Mächtig thront das barocke Stift mit den zwei achteckigen Türmen (1273) über dem Inntal (18 km von Oetz). Bis ins 16. Jh. wurde hier die Tiroler Landesfürsten zu Grabe getragen. Mittelpunkt der Anlage ist die Stiftskirche mit dem Rosengitter von der Vorhalle zur Heilig-Blut-Kapelle. Auch sehenswert ist der Bernardisaal, ein barocker Festsaal und das Museum mit wechselnden Ausstellungen. *Führungen n. Voranmeldung (4,70 Euro) | Stiftshof 1 | Tel. 05263 62420 | www.stiftstams.at*

Ehrfürchtig geht der Blick nach oben in die barocke Pracht des Stifts Stams

SEEFELD

(123 D5) (*🕮 G4*) **Malerisch eingerahmt von der Hohen Munde und dem Karwendel liegt Seefeld (3300 Ew.).**

Vor allem der Bau der Karwendelbahn von Innsbruck nach Mittenwald verhalf dem ehemaligen Wallfahrtsort zur Bedeutung als Tourismushochburg. Heute dominieren den kleinen Ort Hotels im Tiroler Stil. Seefeld ist mit rund 280 km Loipen und 650 km an Wanderwegen ein Paradies für Langläufer und Wanderer. Auf Skifahrer und Snowboarder warten zwei Skigebiete. *www.seefeld.com*

SEHENSWERTES

PFARRKIRCHE SANKT OSWALD

Der Sage nach wollte der Ritter Oswald Milser während einer Messe eine größere Hostie als das gemeine Volk. Sie färbte sich blutrot. Das Tympanonrelief entlang des Hauptportals der spätgotischen Kirche im Zentrum von Seefeld erzählt die Geschichte dieses Hostienwunders, das den Ort im Mittelalter zu einem Wallfahrtsziel machte. Von der Kirche aus führt der Kreuzweg auf den Pfarrhügel.

SEEKIRCHL

Die achteckige Barockkirche (1629–66) stand einst inmitten eines Sees, der heute trockengelegt ist. Das Kreuz auf dem Hochaltar war einst ein altes Wegkreuz. Ein romantischer Ort, an dem gern geheiratet wird. *Mai–Okt. tgl. 8–18 Uhr*

ESSEN & TRINKEN

SÜDTIROLER STUBE

Alte Tiroler Bauernstube mit traditioneller Tiroler Kost, italienischer Einschlag. *Tgl. 10.30–22 Uhr | Reitherspitzstr. 18 | Tel. 05212 5 04 46 | www.suedtirolerstuben.com* | €€

TRIENDLSÄGE

In dem urigen Restaurant wird schmackhafte Tiroler Kost serviert. Nach dem Essen kann man sich die Schausäge erklären lassen. *Di–Abend u. Mi geschl. | Triendlsäge 259 | Tel. 05212 25 80 | www.triendlsaege.at* | €€

Wenn die Glocken durchs Tal tönen, wird im Seekirchl vermutlich wieder mal geheiratet

FREIZEIT & SPORT

ALPENPARK KARWENDEL

Mit 730 km² ist der Alpenpark eins der größten Naturschutzgebiete der Ostalpen. Er erstreckt sich von der Seefelder Senke bis zum Achensee. In *Scharnitz* (10 km von Seefeld) finden Sie ein *Informationszentrum (ganzjährig geöffnet, genaue Zeiten auf Anfrage | Innsbrucker Str. 282 | Tel. 050 8 80 40)*. Vom Zentrum aus können Sie auf malerischem Weg zum Isarursprung wandern *(etwa 1,5 Std.)*. Verschiedene Naturführungen pro Woche im Sommer, Mountainbiker finden Infos zu Touren auf der Website. *www.karwendel.org*

GOLFPLATZ SEEFELD-WILDMOOS

Der 18-Loch-Golfplatz gilt unter Kennern als einer der schönsten Plätze Tirols. *Tel. 05212 5 24 02 | www.seefeldgolf.at*

SPORT- UND KONGRESSZENTRUM ●

Großes Schwimmbad und wunderschöne Saunalandschaft. Im Keller befindet sich ein modernes THX-Kino mit 140 Sitzen. *Klosterstr. 600 | Eintritt Mo–Fr 12, Sa/So 14 Euro (für 5 Std.) | Tel. 05212 32 20 | www.seefeld-sports.at*

AM ABEND

COCKTAIL CLUB CENTRALE

Elegante Bar mit stylishem Ambiente. Die Bar gehört zum Casino, in dem Sie zuvor Ihr Glück versuchen können. *Mo/Di geschl. | Bahnhofstr. 124 | Tel. 05212 5 27 07*

FLEDERMAUS

Ein Klassiker in Seefeld: tagsüber ein Café mit Gastgarten, abends eine Cocktail-Bar, in der u. a. Karaoke-Veranstaltungen stattfinden. Viele Einheimische treffen sich hier. *Tgl. 11–3 Uhr | Bahnhofstr. 242 | www.fledermaus-seefeld.at*

ÜBERNACHTEN

HOTEL SANKT PETER

Kunst trifft Herberge: Bilder der Tiroler Künstler Fritz Wilberger und Patrizia Karg hängen überall in diesem schönen und modernen Wellnesshotel mit Blick auf das Seekirchl. Der Hallenbad- und Saunabereich wurde frisch renoviert. *80 Zi. | Mösererstr. 53 | Tel. 05212 4 55 50 | www.mountains.at* | €€

AUSKUNFT

VERKEHRSAMT

Klosterstr. 43 | Tel. 050 8 80 50 | www.seefeld.com

ZIELE IN DER UMGEBUNG

LEUTASCHER GEISTERKLAMM ●

(122 C4) *(🗺 G3)*

Der etwa einstündige Spaziergang durch die Klamm (ca. 5 km von Seefeld) ist ein einmaliges Naturerlebnis: Links und rechts ragen schroffe Felswände in die Höhe, 43 m unter Ihren Füßen tost die Leutascher Ache. Kinder erkunden mit verschiedenen Klanginstrumenten die Geheimnisse des Klammgeists, der einer Sage nach hier wohnen soll. Der Umweg zum Wasserfall lohnt sich *(Eintritt 2 Euro, Parkplatz 5 Euro)*. Festes Schuhwerk nicht vergessen!

MÖSERN

(122 C5) *(🗺 G4)*

Der kleine Ort (350 Ew., 5 km von Seefeld) ist eine der schönsten Aussichtsplattformen Tirols. Kurz vor der Ortsausfahrt auf der linken Seite steht die größte Glocke des Landes; sie läutet täglich um 17 Uhr. Sie gelangen zu ihr auf dem *Friedensglockenwanderweg (ca. 90 Min. | www.friedensglocke.at)*, der bei der Seewald-Alm zwischen Seefeld und Mösern beginnt. *www.seefeld.com*

OSTTIROL

Wenn Sie die Felbertauernstraße nach dem Tunnel hinunter Richtung Lienz fahren, treten Sie nicht zu sehr aufs Gaspedal. Nehmen Sie sich vielmehr die Zeit, um nach links und rechts zu schauen und dabei wunderbare Eindrücke in sich aufzunehmen.

Es sieht aus, als wären Sie 100 Jahre in der Zeit zurückgefahren: Alte Bauernhäuser stehen abseits der Straße, wie man sie heute kaum noch sieht. Frauen, die sich auf den Weg zum Feld machen, tragen noch Kopftücher. Osttirol strahlt eine Ursprünglichkeit aus, die einzigartig ist und sofort angenehm ins Auge sticht: keine überdimensionalen Skischaukeln, keine modernen Touristenattraktionen. Vielmehr dominiert eine gemütliche Schlichtheit dieses Land, das politisch zwar als neunter Bezirk Tirols fungiert, aber durch einen Salzburger-Südtiroler Landkeil von seinem Mutterland getrennt ist.

LIENZ & DAS PUSTERTAL

(142–143 B–D5) (*🕮 O–Q8*) **Das Hochpustertal, wie der Osttiroler Teil des Tals genannt wird, zieht sich von Sillian an der Südtiroler Grenze bis nach Lienz.** Das Tal bietet Ruhe und Erholung durch seine Abgeschiedenheit und Ursprünglichkeit. *Lienz* (12 000 Ew.) hingegen ist ein emsiges Städtchen mit mediterranem Flair, das durch eine schöne Alt-

 Bild: Sankt Veit im Defereggental

Die Entdeckung der Langsamkeit: Vergangenheit und Gegenwart sind im Osten Tirols auf liebevolle Weise vereint

stadt, viele Einkaufsmöglichkeiten und gemütliche Bars glänzt.

SEHENSWERTES

AGUNTUM ★ (143 E5) (*🕮 R8*)
Das hätte vermutlich auch keiner der früheren Bewohner gedacht: Heute rauscht der Verkehr mitten durch die 2000 Jahre alte Römersiedlung (ca. 4 km von Lienz). Sie war einst ein wichtiges Handelszentrum. Die doppelwandige Stadtmauer und das große Tor, durch das eine zweispurige Straße führte, sind noch gut zu erkennen. Im 1200 m² großen *Atriumhaus*, dem Wohnhaus eines reichen Händlers, erfahren Sie viel über das Leben der alten Römer in den Alpen. Workshops für Kinder. *Ende April, Mai Mo–Sa 9.30–16, Juni–Okt. tgl. 9.30–16 Uhr | Stribach 97 | Eintritt 7 Euro | Tel. 04852 61550 | www.aguntum.info*

ALTSTADT LIENZ
Wo Isel und Drau zusammenfließen, legten die Grafen von Görz eine Sied-

lung an – rund um den heutigen Lienzer Hauptplatz. Die Stadt ist mehrmals abgebrannt, heute stammen daher viele Gebäude aus der Zeit nach dem Zweiten Weltkrieg. Den Abschluss des dreieckigen Hauptplatzes bildet der Zwiebelturm der im 17. Jh. umgebauten Kirche *Sankt Antonius von Padua*. Die *Liebburg* mit den zwei Türmen auf dem Hauptplatz war ehemaliger Grafenwohnsitz und beheimatet heute das Rathaus. Nördlich des Hauptplatzes befindet sich das *Alte Spital* mit der Spitalskirche aus dem 13. Jh. Gleich daneben steht ein Teil der *Stadtmauer* mit dem Iselturm.

RIEPLER SCHMIEDE ●

Es zischt und raucht, wenn der Schmied in der mittelalterlichen Werkstatt das Eisen bearbeitet. Schmieden Sie sich Ihren eigenen Glücksbringer! Der Hausherr kennt viele humorvolle Geschichten. *Voranmeldg. Tel. 04852 6 52 65 | am Ende der Schweizergasse, Nähe Klösterle*

Wo früher Hexen verurteilt wurden, wird heute Kunst gezeigt: Schloss Bruck

SCHLOSS BRUCK ★

Die Grafen von Görz bauten das weithin sichtbare Schloss auf dem Schlossberg und zogen 1278 ein. 1500 fiel es in den Besitz von Maximilian I. Der erste Stock war früher Gerichtssitz, hier fand der letzte Osttiroler Hexenprozess 1680 statt. Seit 1943 ist das Schloss Museum und Highlight für Fans von Albin Egger-Lienz. Seine größten Werke stehen neben einer Sammlung von Werkzeugen, die in der nahen Römerstadt Aguntum ausgegraben wurden. Besonders sehenswert: die gotischen Fresken in der Burgkapelle. *Mai Di–So 10–18, Juni–Aug. tgl. 10–18, Sept.–Okt. tgl. außer Mo 10–16 Uhr |*

Schlossberg 1 | Eintritt 7,50 Euro | www.museum-schlossbruck.at

INSIDER TIPP STADTPFARRKIRCHE SANKT ANDRÄ & BEZIRKSKRIEGERDENKMAL

Die *Stadtpfarrkirche Sankt Andrä* ist die älteste Kirche in Lienz und wurde auf dem Fundament einer romanischen Kapelle aus dem 5. Jh. erbaut, deren Reste Sie in der Krypta sehen. Besonders lohnend ist der Friedhof: Die Gräber in den Arkaden sind reich bemalt, die Mauer ist teils noch aus dem 15. Jh. Das Prunkstück aber ist die ● *Kriegergedächtniskapelle* von Clemens Holzmeister von 1925. Dort liegt der größte Künstler Osttirols, der Maler Albin Egger-Lienz, begraben. An den Wänden hängt sein Zyklus „Sämann und Teufel", „Totenopfer", „Der Auferstandene", „Die Namenlosen". *Pfarrgasse 4, Schlüssel im Haus gegenüber*

ESSEN & TRINKEN

HOTEL ANSITZ HAIDENHOF

Im Gewölbekeller dieses Hotels bekommen Sie traditionelle Speisen in großen Töpfen und Pfannen serviert. Die Speisekarte ist deftig und traditionell, das Ambiente ritterlich. Im Keller wird selber Bier gebraut, Pizza gibt es auch. *Tgl. ab 16 Uhr | Grafendorferstr. 12 | Tel. 04852 6 24 40 | www.haidenhof.at* | €€

HOTEL CIS

Im malerischen Ort Kartitsch liegt dieser Gasthof. Der Wirt verfeinert raffiniert die heimischen Produkte, die Weinkarte bietet 50 erlesene Weine. Vorher reservieren. *Tgl., So nur mittags | Wiese 39 | Tel. 04848 53 33 | www.hotelcis.at* | €€

GASTHAUS GOLDENER FISCH

Der Fischerwirt bietet gutbürgerliche Küche. Spezialität des Hauses ist, wie der Name verrät, frischer Fisch aus Osttirol. *Tgl. | Kärntner Str. 9 | Tel. 04852 6 21 32 | www.goldener-fisch.at* | €€

GÖSSERBRÄU

Das Wirtshaus im alten Lienzer Rathaus hat neu eröffnet und bietet allerhand Deftiges, das gut zu Bier passt. Das Lokal ist mittlerweile zu einem In-Treff geworden. *Tgl. | Johannesplatz 10 | Tel. 04852 7 21 74 | www.goesserbraeu-lienz.at* | €€

EINKAUFEN

STADTMARKT

Obst, Gemüse, Speck, Schnaps und alles, was frisch ist, bekommen Sie auf diesem Markt zu kaufen, darunter auch viele Bio-Produkte – eine gemütliche Flaniermei-

MARCO POLO HIGHLIGHTS

★ Aguntum
Entdecken Sie bei Lienz die einzige Römerstadt auf Tiroler Boden → S. 77

★ Schloss Bruck
Die weltweit beeindruckendste Ausstellung des Tiroler Malers Albin Egger-Lienz wird hier gezeigt. Nicht nur für alle Kunstliebhaber ein Muss → S. 78

★ Tristacher See
Ab ins Wasser – im einzigen Badesee Osttirols → S. 82

★ Kals am Großglockner
Tolles Bergpanorama mit Sicht auf den Großglockner → S. 85

★ Umbalfälle
Die Kraft der Natur: spektakuläre Wasserfälle → S. 85

le! *Fr-Nachmittag u. Sa-Vormittag | Messinggasse | www.stadtmarkt-lienz.at*

WEINPHILO

Hier finden Sie gute Weine. Probieren Sie am besten die Tropfen, die auf der Tafel angeschrieben sind, sie sind besonders empfehlenswert. *Messinggasse 11 | Tel. 04852 6 12 53 | www.weinphilo.com*

Nichts für Warmduscher: mit kräftigem Schlag durch die kalten Gewässer Tirols paddeln

FREIZEIT & SPORT

AIGNER BADL ● (142 C5) (*🕮 P8*)

Das einzige erhaltene Bauernbadl Osttirols ist in einem alten Bauernhaus in Abfaltersbach untergebracht und besteht schon fast 250 Jahre. Gebadet wird in einem Bottich aus Lärchenholz. Deckel drauf, und schon können Sie im Kalziumsulfat-Wasser herrlich entspannen! Außerdem ist ein Bad im Aigner Badl gut für die Gesundheit: Es lindert u. a. Rheuma, Gelenkschmerzen, Ischias und fördert darüber hinaus die Wundheilung. *Juni–Sept. Mo–Sa 10–21, So ab 11 Uhr | Drauradweg | pro Bad 13 Euro | Mob. 0699 11 59 13 77 | www.aigner-badl.at*

BIKE ERLEBNIS OSTTIROL

Touren für Einsteiger und Fortgeschrittene mit Radguide. *Zettersfeld Talstation in Lienz | Tel. 04852 6 85 41 | www.bike-erlebnis-osttirol.at*.

GALITZENKLAMM (143 D5) (*🕮 Q8*)

Hier gibt es für die ganze Familie etwas zu tun, zu sehen und zu staunen: Am Wasserschaupfad geht es über Brücken hinein in die spektakuläre Klamm. Wer auf Abenteuer steht, wagt den Klettersteig, der ganz nah am tosenden Bach entlang führt. Am Wasserspielplatz kann man sich austoben und im Hochseilgarten die Schwindelfreiheit erproben. *Eintritt 4,50 | Mai-Wochenenden 10–17, Juni tgl. 10–17, Juli/Aug. tgl. 9–18, Sept. 10–17 Uhr | Anmeldungen in Lienz in der Tourismusinformation Osttirol* (s. S. 81)

RAFTING & OUTDOOR CENTER OSTTIROL

In einem Schlauchboot einen reißenden Gebirgsbach hinunterrauschen. *Ainet 9 | neben der Bundesstr. | Mob. 0650 3 36 80 00 | www.raftingcenter.at*

AM ABEND

DEEP BLUE

In dieser Disko wird fast bis zum Morgengrauen durchgemacht. *Di–So 18–2 Uhr | Hauptplatz 14*

CAFÉ WAH

Hier trifft sich seit mehr als 20 Jahren jede neue Jugendgeneration. *Mo–Do 19–1, Fr/Sa 19–4 Uhr | Kreuzgasse 3*

INSIDER TIPP YELLOW PUB

Das Pub ist gemütlich zum Chillen. Es gibt leckere Cocktails, regelmäßig Konzerte und andere Events. *Mo–Sa ab 17 Uhr | Zwergergasse 2*

ÜBERNACHTEN

INSIDER TIPP GASTHOF TIROLERHOF

In der Ortschaft Dölsach ist dieses kleine Hotel etwas Besonders. In den Hang hinein gebaut, mit einer unglaublichen Aussicht auf Aguntum, Lavant und Lienz. Mittlerweile finden sich unter seinem Dach nicht nur 6 gediegene Zimmer, sondern auch ein Haubenlokal *(Mo geschl.)*, das wegen der herausragenden Qualität der Zutatenauswahl ausgezeichnet wurde. *Dölsach 8 | Tel. 04852 90 69 90 | www.tirolerhof.or.at* | €€

GRANDHOTEL LIENZ

Wie der Name schon verspricht, können Sie in diesem Fünf-Stern-Hotel im Luxus schwelgen. Der Prachtbau liegt direkt am Fluss, das Spa ist besuchenswert. Das Hotel wird zu einem großen Teil mit Alternativenergie betrieben. Die Preise sind einem Grandhotel angemessen, aber nicht überzogen. *72 Zi. | Fanny-Wibmer-Peditstr. 2 | Tel. 04852 6 40 70 | www.grandhotel-lienz.com* | €€€

SPIELE- UND BUCHHOTEL TSCHITSCHER

In diesem Haus gibt es keinen Fernseher, aber dafür jede Menge Spiele und Bücher. Ideal, um sich einmal eine technikfreie Zeit zu verordnen. Die gemütlich-modern eingerichteten Zimmer tragen Namen wie Monopoly oder Backgammon. *7 Zi. | Nikolsdorf 21 | Tel. 04858 82 19 | www.spielehotel.at* | €€

AUSKUNFT

TOURISMUSINFORMATION OSTTIROL

Europaplatz 1 | Tel. 050 21 24 00 | www.osttirol.com

ZIELE IN DER UMGEBUNG

LAVANT (143 E5) *(R8)*

Gleich nach der ersten Kurve am Kirchbichl kommen Sie am *Museum (tgl. ca. 8–18 Uhr)* vorbei, in dem römische Werkzeuge ausgestellt sind. Auf dem Berg stehen zwei Kirchen: die spätgotische, rosarote *Sankt Ulrichskirche* (erbaut um 1500) und *Sankt Peter und Paul*. Von hier haben Sie einen schönen Ausblick über das Drautal und auf die Reste der alten Bischofskirche aus dem 5. Jh. Der *Lavanter Kirchbichl* ist heute noch ein beliebter Wallfahrtsort.

PUSTERTALER HÖHENSTRASSE (142–143 C–D5) *(P–Q8)*

Die Auffahrt liegt kurz hinter Leisach, die Straße führt am Sonnenplateau entlang und bietet mit ihrem Panorama eine tolle Abwechslung zur Hauptstraße. Kurz be-

vor es wieder hinab nach Abfaltersbach geht, steht *Schloss Anras (bei Red.schluss geschl. | www.schloss-anras.at)*, das ab 1200 Bischofs- und Gerichtssitz war.
Das Hauben-Restaurant im *Vital-Landhotel Pfleger (Do–Di 12–14 u. 18–21 Uhr | Dorf 15 | Anras | Tel. 04846 62 44 | www.hotel-pfleger.at | €€)* ist ein Geheimtipp für Osttiroler Schmankerln und traditionelle Gerichte mit mediterraner Verfeinerung.

TRISTACHER SEE ★ (143 E5) (*R8*)

Etwa 5 km südlich von Lienz liegt der einzige Badesee Osttirols (830 m), an seiner Ostseite ein beliebtes Strandbad. Eine halbe Stunde dauert die Seeumrundung. Am Westufer liegt das schönste Hotel der Umgebung, das *Parkhotel Tristacher See (Tel. 04852 676 66 | www.parkhotel-tristachersee.at | €€€)* mit Hauben-Restaurant. Die 53 Zimmer sind gediegen, die Preise auch.
Vom Hotel führt ein Weg zum Naturdenkmal *Alter See (15 Min.)*, eine der letzten Moorlandschaften der Region mit einzigartiger Tierwelt. Schauen Sie erst INSIDER TIPP ab der Mittagszeit vorbei, vorher gibt es keine Sonne.

VILLGRATENTAL (142 B5) (*O–P8*)

Ganz hinten im Tal liegt der abgeschiedene Ort *Innervillgraten*, bekannt durch die letzte große Wilderer-Saga Tirols: Anfang der 1980er-Jahre erschoss ein Jäger den Wilderer Pius Walder. Eines der besten Tiroler Gasthäuser ist der INSIDER TIPP *Gannerhof (Mo/Di geschl. | Innervillgraten 93 | Tel. 04843 52 40 | www.gannerhof.at | €€)*, ein Haubenlokal im Bergbauernstil, berühmt für seine Lammgerichte.
Wenn Sie Bergbauernromantik mögen, ist die ● *Oberstaller Alm* genau der richtige Ort für Sie: 19 urige Holzhütten und eine weiße Kapelle – mehr als 300 Jahre alt und unter Denkmalschutz – stehen in einer Siedlung zusammen auf 1864 m. Einige Hütten können Sie mieten, *z. B. Ferienwohnungen & Almhütten Gutwenger (Hochberg 23 | Innervillgraten | Tel. 04843 51 62 | www.gutwenger.at | €)*, die Ausstattung ist sehr ursprünglich, vom Holzfeuerherd bis zu Plumpsklo und Petroleumlampen.

MATREI IN OSTTIROL

(142 C3) (*P6*) **Dominiert vom mächtigen Turm der barocken Pfarrkirche Sankt Alban, dem „Matreier Dom", liegt Matrei (4600 Ew.) mitten im Nationalpark Hohe Tauern.**
Der Ort ist eingebettet zwischen den zwei höchsten Bergen Österreichs: dem Großvenediger (3662 m) und dem Großglockner (3798 m). Seit Beginn des 20. Jhs. kommen Touristen hierher, um die klare Luft und das einmalige Bergpanorama zu genießen. Im Sommer präsentiert sich der kleine Ort verschlafen, im Winter erwacht Matrei zum Skiparadies.

SEHENSWERTES

INSIDER TIPP INNERGSCHLÖSS

Am Matreier Tauernhaus (15 km nördl. der Ortschaft) beginnt die Wanderung zum schönsten Talschluss der Ostalpen. Linker Hand des Bachs führt ein breiter Fuhrweg, rechts ein kleiner Steig. Sie nehmen den Fuhrweg: Er führt vorbei an einer romantischen Felsenkapelle, die in den Berg hineingebaut ist. Kuppel der Kapelle ist der nackte Fels. Innergschlöß ist eine lauschige Siedlung alter Almhütten, die im Sommer teils bewohnt sind oder vermietet werden. Rustikal speisen Sie im *Alpengasthof Venedigerhaus*

(Tel. 04875 88 20 | www.venedigerhaus-innergschloess.at | €–€€).

NATIONALPARKHAUS

Auf mehrere Stockwerke verteilt informieren Sie hier Multimediaausstellungen über den rund 1850 km² großen Nationalpark Hohe Tauern. Sie sehen eine Schau über die Geschichte des Bergsports sowie einen kleinen Gebirgsbach, der mitten durchs Haus plätschert. Das größte Naturschutzgebiet im Alpenraum wurde mit seinen Natur- und Kulturlandschaften nach langem Ringen 1981 zum Nationalpark erklärt. Zum Programm gehören geführte Wanderungen und Skitouren. *Mo–Sa 9–18 Uhr | Kirchplatz 2 | www.hohetauern.at*

SANKT-NIKOLAUS-KIRCHE

Etwa 3 km von Matrei Richtung Virgen steht links in den Hang hinein gebaut ein echtes Kleinod: die Sankt-Nikolaus-Kirche, ein vollständig erhaltener, ganz schlichter, romanischer Bau aus dem 12. Jh., in dem noch Freskenreste aus dieser Zeit zu finden sind.

ZEDLACHER PARADIES

Übergroße Tiere – z. B. ein 3 m großer Bär – begleiten diesen Lehrpfad im Zauberwald über Tiere, Pflanzen und Sagen. Besonders schön ist es hier im Herbst, wenn sich die Nadeln der Bäume gelb färben *(nach dem Ortszentrum Matrei rechts den Schildern folgen)*. Am Rand des Zedlacher Paradieses stehen der *Bartler- und der Innerkienzlerhof (Zedlach 8–9 | Tel. 04874 56 09 | www.bartlerhof.at | €)*, urige Bio-Bergbauernhöfe mit Kneippanlage, Bauerngarten und Verkaufsräumen für die hofeigenen Produkte.

Die Sankt-Nikolaus-Kirche in Matrei beeindruckt durch ihren schlichten Stil

ESSEN & TRINKEN

KRÄUTERWIRTSHAUS STRUMERHOF

Hier verfeinern die „Kräuterhexen" die ursprünglichen Speisen, dazu gibt es eine erlesene Auswahl an gediegenen Weinen – und das alles auf 1500 m Seehöhe. Highlight ist das Lamm. *Juni–Okt. tgl. | Hinteregg 1 | Tel. 04875 63 10 | www.strumerhof.at* | €–€€

INSIDER TIPP **RAUTER**

Das Haubenlokal im gleichnamigen Hotel in Matrei führt auf seiner Speisekarte traditionelle Spezialitäten wie Wild und Forellen, bietet aber auch für Osttirol ausgefallene Speisen, etwa Hummer oder Gänseleber, und ein erlesenes Weinsortiment an. *Fr–Di 11.30–14 u. 18.30–21.30, Mi/Do 18.30–21.30 Uhr | Rauterplatz 3 | Tel. 04875 66 11 | www.hotel-rauter.at* | €€–€€€

FREIZEIT & SPORT

EUROPA-PANORAMAWEG

Einer der schönsten Wanderwege in der Region ist der Europa-Panoramaweg. Mit der Goldried-Bergbahn geht es auf 2190 m. Von dort führt der Weg flach in etwa zwei Stunden nach Kals. Der Panoramablick auf den Großglockner und 60 andere Dreitausender ist einmalig.

RADWANDERWEG ISELTAL

Matrei ist ein Bikerparadies, der Radwanderweg ist geeignet für die ganze Familie. Bei guter Kondition wählen Sie die 15 km lange Strecke über 500 Höhenmeter über Zedlach zum Strumerhof auf Asphalt. Geübte Biker nehmen den 23 km langen Schotterweg über 1200 Höhenmeter zur Bergstation Goldried.

REITSTALL MATREI

Kurse für Anfänger und Fortgeschrittene, auch Reittherapie. *Grießstr. 3 | Mob. 0650 4 79 36 35*

LOW BUDG€T

Nationalpark-Wanderbus (www.hohetauern.at): Für nur 1,90 Euro (je nach Zone) pro Fahrt bringen Sie die Postbusse von Juli bis September für Ihre Wanderungen nach Kals, ins Defereggen- und ins Virgental. *Fahrplan auf www.hohetauern.at*

Machen Sie einen *(Rad-)Ausflug ins Pustertal*: Mit dem Rad-Bahn-Paket kommen Sie ab 6 Euro mit der Bahn nach Innichen in Südtirol. Die 44 km nach Lienz radeln Sie dann auf dem beliebten Drauradweg entlang des gleichnamigen Flusses wieder zurück. Die Anstrengung hält sich in Grenzen: Der Start in Innichen liegt 500 m höher als das Ziel in Lienz. *www.oebb.at*

AM ABEND

ALTE MÜHLE

Das Haus und der dazugehörige Stadel wurden aus 200 Jahre altem Holz gebaut. Die Mühle ist urig, Livemusik und lokale Kleinigkeiten wie Schlipfkrapfen. *Gereitstr. 1 | Tel. 04875 64 08 14 | www.alte-muehle.at*

ÜBERNACHTEN

INSIDER TIPP **HOTEL HINTEREGGER**

Teil des Hauses war früher ein Kino, jetzt ist alles nagelneu, topmodern, mit Holz, tollen Bädern, großen Balkonen, schönem Wellnessbereich. *40 Zi. | Hintermarkt 4 | Tel. 04875 65 87 | www.hotelhinteregger.at* | €€

HOTEL OUTSIDE

Wunderschönes Wellnesshotel. Von den Balkonen haben Sie herrliche Ausblicke, und der Spa-Bereich ist top. Im Sommer können Sie zusätzlich in einem künstlichen Teich baden. *43 Zi. | Virgenerstr. 3 | Tel. 04875 52 00 | www.hotel-outside.com | €€€*

AUSKUNFT

TOURISMUSINFORMATION MATREI IN OSTTIROL

Rauterplatz 1 | Tel. 050 2125 00 | www.osttirol.com

ZIELE IN DER UMGEBUNG

DEFEREGGENTAL (142 B–C4) (*🕮 O–P7*)

Das enge Tal (10 km von Matrei) ist ein beliebter Rückzugsort für Wanderer. Besonders frequentiert ist die Wanderung durch den *Oberhauser Zirbenwald*, den größten zusammenhängenden Zirbenbestand der Ostalpen. Er liegt in Sankt Jakob, dem ruhigen Hauptort des Tals. Nach einer anstrengenden Tour können Sie sich im 1000 m² großen Spa-Bereich des Sport- und Wellnesshotels *Jesacherhof (60 Zi. | Außerrotte 37 | Tel. 04873 53 33 | www.jesacherhof.at | €€–€€€)* verwöhnen lassen.

KALS AM GROSSGLOCKNER ★ (143 D3) (*🕮 Q6*)

Das urige kleine Örtchen auf 1325 m Seehöhe liegt am Fuß des Großglockners (3798 m), des höchsten Bergs Österreichs. Den schönsten Blick auf den Berg (und 60 weitere Dreitausender) hat man von der *Bergstation Blauspitz (Talstation Kals | 15 Min. Liftfahrt | Berg- und Talfahrt 20,50 Euro)* auf 2300 m – warm anziehen!

Die Ausstellung „Im Banne des Großglockners" im *Glockner Haus (Ködnitz 7 | Eintritt 5 Euro)* erklärt den Werdegang Kals' vom Bergbauerndorf zum Tourismusort und das Brauchtum rund um den Berg.

VIRGENTAL (142 B–C3) (*🕮 O–P6*)

In der Ortschaft *Obermauern* (10 km von Matrei) steht eine spätgotische Kirche, die bekannt ist für ihre reichen Fresken. Die Wandmalereien stammen von Simon von Taisten aus dem 15. Jh. Ganz hinten im Virgental, bei Hinterbichl/Prägraten, liegen die beeindruckenden ★ *Umbalfälle*. Vom gebührenpflichtigen Parkplatz Ströden *(5,50 Euro)* können Sie in einer

Über die Umbalfälle stürzt die Isel mit Getöse zu Tal

halben Stunde bis zu den beiden Almen Pebell und Islitzeralm spazieren oder eine Kutsche nehmen. Dort beginnt der Wasserschaupfad. Die Wasserfälle beeindrucken besonders im Frühjahr kurz nach der Schneeschmelze. Auf verschiedenen Aussichtsplattformen kommt man ganz nah an die Katarakte heran.

AUSSERFERN

Das Außerfern – also jenseits des Fernpasses – beeindruckt wie kaum eine andere Region Tirols durch ihre Schönheit. Vom Fuß der Zugspitze bis ins Lechtal hinein erstreckt sich die Ferienregion mit der romantischen Kulisse beeindruckender Berge und vieler Seen. Sportler bevorzugen die Zugspitzarena, Ruhesuchende das Lechtal oder das Tannheimer Tal.

EHRWALD & DIE ZUGSPITZARENA

(129 E–F 2–5)(130 A–B 3–4) *(🕮 E–F 3–4)* **Zur Zugspitzarena *(www.zugspitzarena.com)* gehören die Ortschaften Ehrwald, Leermoos, Bichlbach, Berwang und Biberwier.**

Schon seit Anfang des 20. Jhs. kommen Gäste nach *Ehrwald (www.ehrwald.at)* (2700 Ew., 995 m). Hier hat man auch heute noch nicht das Gefühl, in einem Touristenort zu sein, eher in einem beschaulichen Dorf. Jahrelang herrschte in der Region Stillstand, mittlerweile aber weht ein Wind der Erneuerung. Hotels und Attraktionen bieten Luxus, der international jedem Vergleich standhält.

SEHENSWERTES

BERWANG (129 F4) *(🕮 E3)*
In dem abseits vom übrigen Ortsgebiet Berwangs gelegenen Ortsteil Rinnen be-

 Bild: Zugspitzarena im Herbst

Die Region jenseits des Fernpasses glänzt mit ihrem atemberaubenden Bergpanorama wie sonst kaum eine andere Gegend in Tirol

findet sich mit dem *Stadl Bräu* die höchstgelegene Brauerei Österreichs. In der Hausbrauerei des *Hotel Gasthof Thaneller (Rinnen 38 | Tel. 05674 8150 | www.hotelthaneller.at | €€–€€€)* werden drei Sorten – Helles, Dunkles und Weißbier – gebraut. Lassen Sie sich vom Wirt nicht nur die Brauerei zeigen, sondern auch mit dem bunten Spielzug Stadl-Bräu-Express entführen. Es geht entweder zum nahen Wasserfall oder zum „Ende der Welt", einem Talschluss – hier wird das offene Tal ganz eng.

BICHLBACH (129 F4) *(🗺 E3)*
Der beschauliche Ort (750 Ew., 10 km von Ehrwald) ist ein Ferienziel für Biker und Wanderer. Die *Sankt-Josefs-Kirche* (17. Jh.) auf einer kleinen Anhöhe ist die einzige Zunftkirche Österreichs. Hier wurden die Handwerker im Frühjahr verabschiedet, bevor sie allsommerlich in die Region zum Arbeiten aufbrachen. Im *Zunftmuseum (Mo–Fr 8–12 Uhr | Wahl 31a | www.zunftmuseum.at)* erfahren Sie, wie Zimmerleute, Vergolder und Maurer damals gelebt haben.

Der Badesee Bichlbach *(tgl. 10–19 Uhr | Eintritt 4,50 Euro)* wird biologisch geheizt und gereinigt. Daneben können sich wasserscheuere Gäste auf Minigolf-, Beachvolleyball- und Tennisplatz sportlich betätigen.

Zu kalt zum Baden, aber nicht zu schön zum Fotografieren: der Seebensee

ZUGSPITZE ★ (130 B4) *(F3)*

Der Blick vom Gipfel des höchsten Bergs Deutschlands (2962 m) ist ebenso atemberaubend wie der Preis für die Gondelfahrt *(39 Euro Berg- und Talfahrt | ca. 10 Min. | www.zugspitzbahn.at)*. Dafür ist der Eintritt ins *Bergmuseum* frei, in dem Sie einen Einblick in die Geschichte der Zugspitze und den Bau dieser ersten Tiroler Seilbahn erhalten. Hier oben steht übrigens auch der höchstgelegene Biergarten Deutschlands. Mittwochabend gibt es im *Gipfelrestaurant (Ende Mai–Ende Okt. tgl. 8.40–16.40 Uhr | Reservierung Tel. 05673 23 09)* Fondue *(60 Euro)*. Der romantische Sonnenuntergang und eine musikalische Begleitung sind bei dieser Schlemmerei inklusive. Zurück ins Tal geht es dann wieder mit der Gondel.

ESSEN & TRINKEN

INSIDER TIPP BETTINA'S MOOSWIRT

Außer den Steaks vom argentinischen Angusrind, für die der Mooswirt bekannt ist, kommt alles aus der Region. *Fr–Mi 10–22 Uhr | Tel. 05673 2766 | www.mooswirt-ehrwald.at* | €€–€€€

FISCHER AM SEE

Nach dem Genuss eines der exquisiten Fischgerichte ist ein kleiner Spaziergang am Ufer des Heiterwanger Sees zu empfehlen. In vielen Gerichten werden Bio-Produkte und Kräuter aus dem eigenen Garten verarbeitet. *Tgl. | Fischer am See 1 | Heiterwang | Tel. 05674 5116 | www.fischeramsee.at* | €€

EINKAUFEN

INSIDER TIPP ZIEGENHOF-PETER

Hier gibt es alles von der Ziege: Käse, Joghurt und Ziegenmilcheis, und zwar bio. Wenn der Ziegenpeter Zeit hat, setzt er sich zu Ihnen und erzählt Ihnen mit viel Tiroler Schmäh seine Bauernhofanekdoten. *Verkauf Do 8–12 u. 15–18, Fr 8–18, Sa 8–12 Uhr | Lähngraben 10 | Tel. 05673 39 31 | www.ziegenhof-peter.at*

FREIZEIT & SPORT

WANDERN

Eines der schönsten Ziele ist der *Seebensee* (1657 m). Mit der *Ehrwalder Almbahn (tgl. 8.30–16.45 Uhr | 15 Euro | www.ehrwalderalmbahn.at)* geht es hinauf und dann noch etwa anderthalb Stunden zu Fuß. Bei gutem Wetter spiegelt sich das Zugspitzmassiv im kristallklaren, eiskalten Wasser.

WESTERN-REITERHOF

Erkunden Sie die Zugspitzarena wie ein Cowboy auf dem Rücken eines Pferdes. Außerdem „Stöpselreiten" für die Kleinen. *Joselerhof | Berwang 136 | Mob. 0664 8 61 99 22 | jb7-quarters.at*

AM ABEND

MUSIKCAFÉ

Konzerte, z. B. Blues oder Soul, Vorträge und Tiroler Abende gibt es in diesem Kulturzentrum. *Hauptstr. 27 | Mob. 0664 120 47 74 | www.musikcafe.at*

ÜBERNACHTEN

MOHR LIFE-RESORT

Schon bei der Ankunft ist das Haus ein optischer Genuss: Ruhige Farben und viel Holz dominieren den Eingangsbereich. Zirbenholzzimmer gibt's im Lifestyle-Teil des Hotels, komfortable und deutlich günstigere Unterkünfte im traditionellen Bereich. Großes Spa-Angebot. *64 Zi. | Innsbruckerstr. 40 | Lermoos | Tel. 05673 23 62 | www.mohr-life-resort.at | €€–€€€*

INSIDER TIPP PENSION SONNBLICK

Verkehrsruhig in einer Sackgasse gelegen, mit einem schönen Ausblick und freundlichen Gastgebern. Einfach aber sehr gepflegt und persönlich. *5 Zi., 4 Ferienwohnungen | Berwang 75 | Tel. 05674 81 15 | €*

SPORTHOTEL LOISACH

Mountainbiken, Wandern, Yoga, Ski- und Snowboardfahren – für sportliche Zeitgenossen ist dieses freundliche Hotel mit seinen hellen Zimmern im Holzdesign (Ausblick auf die Bergwelt inklusive) der perfekte Ort zum Urlauben. Außen- und Innenpool und der Fitnessraum bieten ebenfalls Gelegenheit für aktive Erholung. Schauen Sie auf der Homepage nach vergünstigten Packages. *40 Zi. |*

MARCO POLO HIGHLIGHTS

★ **Zugspitze**
Von der Tiroler Seite ist der Aufstieg auf Deutschlands höchsten Berg am spektakulärsten → S. 88

★ **Burgenwelten Ehrenberg**
Ein Riesenspaß für die ganze Familie auf einer der größten mittelalterlichen Burgen Tirols mit Ritterturnieren, Waffen, Ritterausrüstung und Mittelaltermarkt → S. 91

★ **Plansee**
Ein Erlebnis wie im norwegischen Fjord → S. 92

Unterdorf 6 | Lermoos | Tel. 05673 23 94 | www.sporthotel-loisach.com | €€

AUSKUNFT

VERKEHRSBÜRO EHRWALD
Am Rettensee 1 | Tel. 05673 200 00 | www.zugspitzarena.com

ZIEL IN DER UMGEBUNG

SCHLOSS FERNSTEIN (130 A5) (*🕮 E3*)
Das Schloss liegt malerisch auf der Route nach Innsbruck (32 km von Reutte) gleich hinter dem Fernpass. 1519 erstmals erwähnt, beherbergte es Kaiser und Könige, die auf dieser einst wichtigen Verbindung zwischen Allgäu und Tirol unterwegs waren.
Die INSIDER TIPP privaten Seen *Fernsteinsee* und *Sameranger See* neben dem Schloss sind wegen ihrer Klarheit und einmaligen Flora ein Geheimtipp für Taucher, allerdings nur für die Gäste des *Hotels Fernsteinsee (33 Zi. | Nassereith | Tel. 05265 52 10 | www.schloss-fernsteinsee.at | €€)*. Das Hotel hat schöne Zimmer im Tiroler Stil und exquisite Suiten im Schloss selbst. Barocke Stuckdecke und antikes Mobiliar.

REUTTE & DAS LECHTAL

(128–129 B–E 3–6) (*🕮 B–E 2–4*) **Eingebettet zwischen Lechtaler und Allgäuer Alpen liegt das Lechtal. Der wildromantische Lech und seine Auen – mittlerweile einer von Tirols schönsten Naturparks – durchziehen das Tal und laden zu Wanderungen und Radtouren ein.**
Der Hauptort *Reutte* (6200 Ew.), heute Bezirkshauptstadt des gesamten Außerfern, besticht durch kunstvolle Barockhäuser im Zentrum.

SEHENSWERTES

ALPENBLUMENGARTEN
Mehr als 600 Arten seltener hochalpiner Pflanzen wie Enzian oder Frauenschuh blühen hier auf dem Hahnenkamm *(mit*

Platz ist an der kleinsten Hütte: Lüftlmalerei in Holzgau

den Reuttener Seilbahnen zu erreichen | Sommer tgl. 9–16.30 Uhr | Bergbahnstr. 18 | www.reuttener-seilbahnen.at). Wenige Minuten entfernt laufen Sie auf dem alpinen *Barfuß-Wanderweg* über Holz, durch Wasser, über Stein und sieben weitere Stationen – aber Achtung: Kuhfladen!

BURGENWELTEN EHRENBERG ★

(129 E–F3) (*🗺 E2–3*)
Hoch über der Straße zum Fernpass thront das Schloss von Ehrenberg aus dem 13. Jh. An seinem Fuß: die Ehrenberger Klause, die einst diese wichtige Durchzugsstraße bewachte. Einmal Ritter sein – diesen Traum können Sie sich im ● Museum *Dem Ritter auf der Spur* in der Klause erfüllen. Ritterrüstungen und -waffen zum Anfassen, vor allem für Kinder ein großer Spaß. Jedes Jahr am letzten Wochenende im Juli werden auf der Burg Ritterturniere, Mittelaltermarkt und Paraden aufgeführt. Die Burganlage können Sie frei begehen, beim Multimediaspektakel *Ehrenberg Historical* wird in einem Film *(30 Min.)* die Ritterzeit erklärt. Etwa eine Stunde brauchen Sie von Reutte aus, um hinauf zum Schloss und wieder hinunterzulaufen. Von oben hat man einen einmaligen Ausblick auf die Umgebung.
Die INSIDER TIPP *Highline 179 (tgl. 8–22 Uhr | Klause 2 | www.highline179.com)*, mit 403 m die längste Hängeseilbrücke der Welt, verbindet die Burgruine mit Fort Claudia. *Tgl. 10–17 Uhr, Nov. geschl. | Kombiticket Museum und Multimediashow 10,80 Euro | www.ehrenberg.at*

ELBIGENALP (128 C5) (*🗺 C4*)

Der kleine Ort (850 Ew.) im Lechtal ist Geburtsort der Geierwally (s. S. 68) und Zentrum der Tiroler Schnitzkunst. Die bekannte *Schnitzschule (Hausnr. 57 | Tel. 05634 62 26 | www.schnitzschule.at)* bietet Sommerkurse und verkauft Schnitzereien junger Schüler preisgünstig.

GRÜNES HAUS

Das Heimatmuseum im Zentrum von Reutte zeigt Exponate, die die handwerkliche, künstlerische und wirtschaftliche Entwicklung des Außerfern dokumentieren. Sehenswert sind vor allem die Werke der berühmten Künstlerin aus der Region – der „Geierwally" Anna Stainer-Knittel. *Mi–Sa 14–17 Uhr | Untermarkt 25 | www.museum-reutte.at*

HOLZGAU (128 C6) (*🗺 B–C4*)

Die Häuserfassaden in Holzgau (400 Ew.) wurden vor Jahrhunderten mit religiösen Motiven kunstvoll bemalt – der Stil ist heute als Lüftlmalerei bekannt. Doch nur noch wenige originale Häuser sind erhalten, etwa das große rosarote am Dorfplatz. Die moderneren Fassaden in diesem Stil sind nicht original. Im Haus Nr. 35 ist das *Heimatmuseum (nur im Rahmen des Dorf- und Kulturspaziergangs, s. www.lechtal.at)* untergebracht, das das karge, bäuerliche Leben beleuchtet.

ESSEN & TRINKEN

GOLDENES LAMM

Von den Gästen wurde er zu einem der beliebtesten Gasthöfe der Region gewählt. Hier verwöhnt man Sie mit Köstlichkeiten wie Lechtaler Käsespätzle oder Gamskeulenbraten, alles in bester Bio-Qualität. *Mi geschl. | Oberbach 14 | Weißenbach am Lech | Tel. 05678 52 16 | www.goldenes-lamm.at* | €€

INSIDER TIPP ZUM DORFWIRT

Ausgezeichnete, gehobene Tiroler Küche in schönen Holzstuben. Mit Garten. *Tgl., im Alpenhotel Ernberg | Planseestr. 50 | Breitenwang | Tel. 05672 719 12 | www.ernberg.at* | €€

EINKAUFEN

MEI GWAND VOM POSTHOF

Stilvolle Tracht und Schafmilchprodukte aus eigenem Anbau in Reutte. *Untermarkt 15 | Mob. 0676 3 42 32 58*

FREIZEIT & SPORT

LECHWEG

(128–129 B–E 2–6) (*🗺 B–E 2–4*)

Der Weg führt 125 km durch eine der letzten Wildflusslandschaften Europas von der Quelle in Vorarlberg bis zum Lechfall in Füssen und gilt als europäisches Ideal eines Weitwanderwegs. Die Highlights der 15 Etappen: die größte Steinbock-Kolonie Europas, ein Wasserfall, der jährlich versiegt und wieder entspringt, zahlreiche Hängebrücken mit bis zu 110 m Höhe. *www.lechweg.com*

PLANSEE ★ (129 F2) (*🗺 E2–3*)

Die Wassertemperatur des größten Sees im Außerfern steigt selten über 20 Grad. Zwei Elektroboote kreuzen den ganzen Tag auf dem Plansee und fahren durch einen Kanal auch zum *Heiterwanger See*

(Rundfahrt 13 Euro). Die schroffen Berge erinnern an einen norwegischen Fjord. Zur Einkehr lädt die *Musteralpe (Tel. 05672 7 81 18 | www.musteralpe.at)* hinter dem Campingplatz.

LOW BUDG€T

Wenn Sie im Lechtal wandern wollen, nimmt Sie ein ● *Gratis-Wanderbus* im Halbstundentakt durch das Tal und die Seitentäler mit. *Infos auf www.lechtal.at*

Das Lechtal ist am schönsten mit dem Fahrrad zu erkunden. Intersport in Reutte hat für Bikes einen verbilligten *Wochenendtarif: Fr-Abend bis Mo-Morgen 25 Euro | Lindenstr. 25 | Tel. 05672 6 23 52*

AM ABEND

INSIDER TIPP GEIERWALLY FREILICHTBÜHNE

(Nicht nur) lokale Geschichten wie die „Geierwally" oder die „Schwabenkinder" in Theaterform werden im Sommer unter freiem Himmel gespielt. *Fr/Sa Kartenvorverkauf | Tourismusverband Lechtal | Eintritt ab 25 Euro | Tel. 05634 53 15 12 | www.geierwally.lechtal.at*

CAFÉ STEH

Gemütliche Bar mit gemischtem Publikum im Zentrum von Reutte. *Di–Sa 7.15–2, So 14–2 Uhr | Untermarkt 33 | Tel. 05672 7 11 33 | www.steh.at*

ÜBERNACHTEN

HOTEL MOHREN

Das Gebäude ist mehr als 400 Jahre alt und steht unter Denkmalschutz. Moder-

Doppelte Schönheit: An ruhigen Tagen wirkt der Plansee wie ein Spiegel fürs Traumpanorama

ne Zimmer geben Ihnen den Blick frei auf die beeindruckende Berglandschaft. Der Wellnessbereich ist nagelneu und mit großem Schwimmbad, finnischer und Biosauna sowie Dampfbad ausgestattet. *54 Zi. | Untermarkt 26 | Reutte | Tel. 05672 6 23 45 | www.hotel-mohren.at* | €€

OBERLECHTALER HOF

Das Hotel liegt mitten in Holzgau und ist unschwer an der prachtvoll bemalten Fassade zu erkennen. Die Zimmer sind sehr geräumig, besonders schön sind die handgeschnitzten Verzierungen an Decken und Wandvertäfelungen. *16 Zi. | Holzgau 40 | Tel. 05633 56 88 | www.oberlechtalerhof.com* | €€

AUSKUNFT

LECHTAL TOURISMUS

Untergiblen 23 | Tel. 05634 53 15 | www.lechtal.at

TOURISMUSVERBAND FERIENREGION REUTTE

Untermarkt 34 | Tel. 05672 6 23 36 | www.reutte.com

ZIEL IN DER UMGEBUNG

TANNHEIMER TAL

(129 D2–3) (*C–D2*)

Eines der schönsten Hochtäler der Alpen, ein Paradies zum Wandern. Der schönste See mit glasklarem Wasser ist der INSIDER TIPP *Vilsalpsee* (1168 m) bei Tannheim. Kein Auto stört Sie, weil die Straße von Tannheim zum See gesperrt ist *(tgl. 10–17 Uhr)*. Ein kleines Ruderboot vermietet das Lokal *Fischerstube (9,50 Euro/Stunde)*.

Sehr gut speisen Sie am Vilsalpsee – im gleichnamigen, urigen *Gasthof (tgl. ab 11 Uhr | Bogen 28 | Tel. 05675 62 93 | €€)* gibt es hauptsächlich frischen Fisch, Spezialität ist die heiß geräucherte Forelle.

Wer es extravagant mag, ist im Hotel *Liebes Rot Flüh (101 Zi. | Haldensee | Seestr. 26 | Tel. 05675 6 43 10 | www.rotflueh.com | €€€)* bestens aufgehoben. Der rosarote Bau erinnert an ein Schloss des Bayernkönigs Ludwig. Komfortable Zimmer, ein riesiger Wellnessbereich sowie mehrere Restaurants stehen Ihnen zur Verfügung. Außerdem: Der *Haldensee* ist nur zehn Gehminuten vom Hotel *Liebes Rot Flüh* entfernt.

ERLEBNISTOUREN

1 TIROL PERFEKT IM ÜBERBLICK

START: ① Kufstein ZIEL: ㉑ Sankt Anton am Arlberg	7 Tage reine Fahrzeit 6–7 Stunden
Strecke: 300 km	

KOSTEN: Ca. 1190 Euro Gesamtkosten für Benzin, Unterkunft, Essen, Eintritte etc.

MITNEHMEN: Wanderschuhe, Regenjacke, Badesachen, Sonnenschutz

ACHTUNG: Am Morgen des dritten Tages nicht auf die Autobahn auffahren.
Pullover im Silberbergwerk Schwaz nicht vergessen, die Temperatur beträgt nur 12 Grad.

Jeder Zipfel dieser Erde hat seine eigene Schönheit. Wenn Sie Lust haben, die einzigartigen Besonderheiten dieser Region zu entdecken, wenn Sie tolle Tipps für lohnende Stopps, atemberaubende Orte, ausgewählte Restaurants oder typische Aktivitäten bekommen wollen, dann sind diese maßgeschneiderten Erlebnistouren genau das Richtige für Sie. Machen Sie sich auf den Weg und folgen Sie den Spuren der MARCO POLO Autoren – ganz bequem und mit der digitalen Routenführung, die Sie sich über den QR-Code auf S. 2/3 oder die URL in der Fußzeile zu jeder Tour downloaden können.

Auf dieser Tour durch Tirol erleben Sie alles, was das kleine Land zu bieten hat: urbanes Flair, mittelalterliche Städtchen, Abenteuer über und unter der Erde und natürlich Berge und Natur. Auch der eine oder andere echte Geheimtipp ist in diese siebentägige Reise verpackt. Die Tagesetappen sind so berechnet, dass trotz all der Aktivitäten und Sehenswürdigkeiten kein Stress aufkommen sollte.

TAG 1

1 Kufstein

Wenn Sie von von München aus mit dem Auto kommen, öffnen sich vor Ihnen die Berge wie ein Tor – an dem ein imposanter Wächter Posten steht: In **1 Kufstein** **→ S. 52** dürfen Sie den Besuch der gleichnamigen mächtigen **Fes-**

Bild: Wohlverdiente Wanderpause in der Region Leutasch

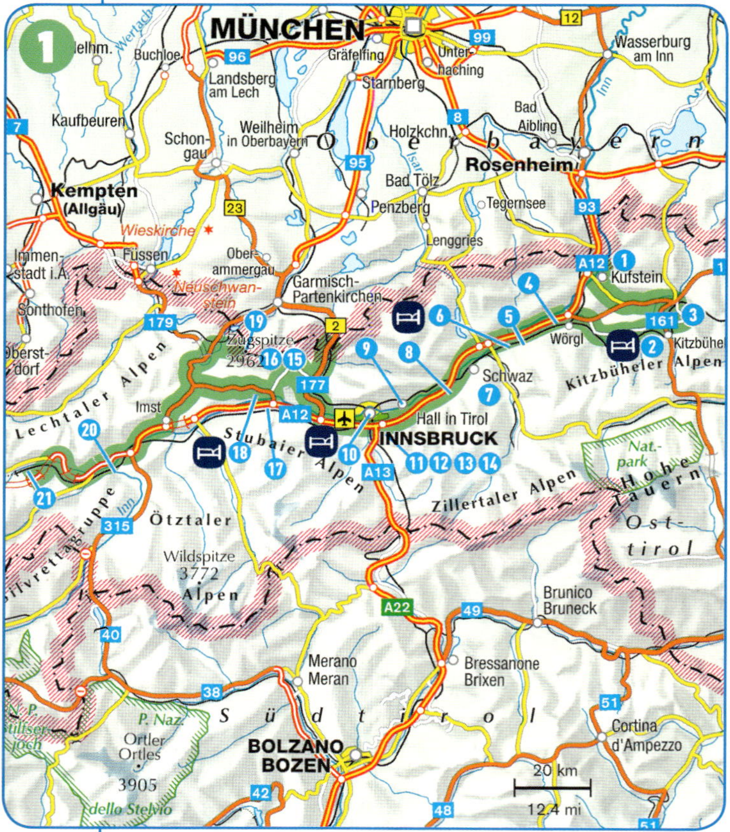

36 km

❷ Kitzbühel

10 km

❸ Kitzbüheler Horn

tung → S. 52 auf keinen Fall verpassen! Außerdem bietet sich ein Bummel durch die **Römerhofgasse → S. 52** an, den schönsten Teil der Altstadt, bevor Sie in der Ausstellung der **Glashütte Riedel → S. 53** erfahren, wie die Ausnahmeweingläser von Mund geblasen werden – eine Kunst, die in Tirol eine lange Tradition hat. **Von Kufstein aus geht es dann über die Eiberg-Bundesstraße nach St. Johann und weiter nach ❷ Kitzbühel → S. 48. Dort machen Sie den nächsten Halt – allerdings erst in luftiger Höhe auf dem ❸ Kitzbüheler Horn, das sie über eine kurvige Mautstraße erreichen.** Von dort oben schauen sie hinunter auf das noble Städtchen und hinüber auf die sagenhafte Streif, wo sich jedes Jahr im Januar die wagemutigen

Skiabfahrtsläufer in die Tiefe stürzen. Übernachten können Sie hier im **Hotel Seebichl** *(30 Zi. | Seebichlweg 37 | Tel. 05356 62525 | www.hotel-seebichl.at | €€€)*.

Auf das Ende der **Fahrt durchs Brixental nach Wörgl** am nächsten Morgen freuen sich alle, die in einer Wasserrutsche einen Doppellooping erleben wollen. Das bietet weltweit nämlich nur das Erlebnisbad **4 Wave → S. 54**. Auf handfeste Action folgt filigrane Kunst: **Über die Inntalautobahn führt der Weg nach 5 Rattenberg → S. 59** ins Herz der Glasbläserei. In der malerischen Fußgängerzone der kleinsten Stadt Tirols schauen Sie in Geschäften wie etwa bei **Kisslinger Kristall-Glas** *(Mo–Fr 9–18, Sa/So 9–17, Nov.–April So 10–16 Uhr | Südtirolerstr. 41 | www.kisslinger-kristall.com)* den Glasbläsern zu. Beim Flanieren warten besondere Versuchungen wie in der **Konditorei Hacker** *(April–Sept. tgl. 8–19 Uhr, sonst Mo geschl. | Südtirolerstr. 46 | Tel. 05337 62223 | www.cafehacker.at)*. 1774 gegründet, wird dort heute köstliches Konfekt von Hand gefertigt. Beenden Sie den Tag im geschmackvollen alten **6 Gasthof Herrnhaus** *(10 Zi. | Herrnhausplatz 1 | Brixlegg | Tel. 05337 62223 | www.herrnhaus.at | €)*.

Am nächsten Tag fahren Sie dann ab Brixlegg nicht mehr auf der Autobahn, sondern auf der landschaftlich schön gelegenen Bundesstraße B171 vorbei am Schloss Matzen sowie einigen anderen Burgen und werfen bei Strass links einen kurzen Blick hinein ins **Zillertal → S. 55**. Schauen Sie am Westeingang des Tals in die Höhe, hier liegt malerisch das Kirchlein Maria Brettfall, eine alte Einsiedelei. **Schließlich machen Sie dann in Schwaz** einen spannenden Trip in die Tiefen des alten **7 Silberbergwerks → S. 60**. **Nur wenige Kilometer weiter, in Wattens**, wartet ein grasüberwachsener Riese darauf, Sie zu verschlucken: Durch seinen Mund betreten Sie die **8 Swarovski Kristallwelten → S. 47**, in denen der weltberühmte Familienbetrieb kunstvolle Kristallprodukte zeigt. Bei der jüngsten Erweiterung wurden sogar römische Ausgrabungen in die Wunderwelt integriert, die ursprünglich vom Künstler André Heller konzipiert worden ist. In **9 Hall → S. 45**, einem der schönsten mittelalterlichen Städtchen Österreichs, tauchen Sie in der **Münze → S. 46** ab in Europas Münzgeschichte und steigen hoch hinauf auf den **Münzerturm** mit seinem herrlichen Ausblick auf das Inntal und die Berge. In der Gegend von Hall und **10 Innsbruck → S. 33** sollten Sie zwei Übernachtungen einplanen: Als guter Stand-

ort erweist sich das Hotel **Ramada Innsbruck Tivoli** *(159 Zi. | Olympiastr. 41 | Innsbruck | Tel. 0512 89 04 04 | www.ramada-innsbruck.at | €€)*.

TAG 4

Die Höhe der Sprungschanze im **Bergisel-Stadion → S. 34** wird Sie als erstes Ziel in der Landeshauptstadt beeindrucken. Der Kitzel der Gefahr, der sich die Springer alljährlich bei der Vierschanzentournee aussetzen, verflüchtigt sich später beim Anblick des **Goldenen Dachl → S. 36**, Innsbrucks berühmtem Wahrzeichen, und beim entspannten Bummel durch die Altstadt.

TAG 5

22 km

⑪ Patscherkofelbahn

3 km

⑫ Gipfel des Patscherkofel

2 km

⑬ Zirbenweg

5 km

⑭ Tulfein-Alm

89 km

Am zweiten Innsbruck-Tag empfiehlt sich eine Fahrt mit der **Straßenbahn Linie 6** *(1,80 Euro im Vorverkauf, 2 Euro in der Straßenbahn)*, um einen der schönsten Rundwanderwege hoch über Innsbruck anzutreten. Etwa fünf bis sechs Stunden sollten Sie für die Tour veranschlagen. **Die Straßenbahn startet unterhalb des Bergisel → S. 34 neben dem Stift Wilten → S. 38** und rumpelt dann romantisch durch einen verwunschenen Wald vorbei an **Schloss Ambras → S. 36**, kleinen Mooren und einem Badesee bis in den alten Luftkurort **Igls → S. 43**. **Ein paar Minuten von der Endstation in Igls aufwärts liegt die Station der ⑪ Patscherkofelbahn**, die Sie hinaufbringt auf 2000 m zur Bergstation. **In 20 Min. erreichen Sie den ⑫ INSIDER TIPP Gipfel des Patscherkofel**, den Hausberg von Innsbruck, und genießen einen gewaltigen Rundumblick. **Auf dem ⑬ Zirbenweg** geht es dann durch einen der ältesten geschlossenen Zirbenkieferbestände des Alpenraums. Das schönste auf dieser Wanderung ist der Ausblick: Gipfel reiht sich an Gipfel in den Stubaier Alpen und dem Karwendel, Innsbruck und das halbe Inntal liegen Ihnen zu Füßen. **In zwei bis drei Stunden wandern Sie unter der Viggarspitze und Neunerspitze bis zur ⑭ Tulfein-Alm** *(€)*. Hier auf 2035 m können Sie noch einmal den Ausblick genießen, **bevor Sie mit der Glungezerbahn hinunter nach Tulfes** kommen. **Der Pendelbus 4132 bringt Sie wieder zurück nach Igls, wo die Straßenbahn wartet** *(Kombiticket Bus/Gondeln 22 Euro)*.

TAG 6

Nun geht es weiter durch das Inntal bis Zirl und dann nach Norden, den Zirler Berg hinauf. Wenden Sie vor Zirl bei der Fahrt einmal kurz den Blick hinauf in die Martinswand, die im Norden steil über dem Inn aufragt. Sie werden immer wieder kleine Viadukte und Tunnel entdecken. Die Mittenwaldbahn, die 1911 erbaut wurde, schlängelt sich mitten durch diese Wand. **Nun passieren Sie Seefeld** → S. 73 **und fahren weiter in die Leutasch**. Dort können Sie ganz tief in die Wildererromantik des Schrifstellers Ludwig Ganghofer eintauchen. Ganghofer schrieb hier seine Romane, ihm ist ein ⑮ **Museum** *(Di–Fr 16–18 Uhr | Kirchplatzl 154 | Eintritt 3 Euro)* gewidmet. Machen Sie auch Bekanntschaft mit der Landschaft, die ihn beeinflusst hat: **Parken Sie am Beginn des Gaistals und wandern Sie hinein in die Berge auf die ⑯ Hämmermoosalm** *(Weihnachten–Ende März u. Mai–Ende Okt. 10–21 Uhr | Klamm 3 | Mob. 0676 3 33 70 00 | www.haemmermoosalm.at | €)*, die Sie in höchstens einer Stunde auf leichten Wanderwegen erreichen. **Nach der Wanderung kehren Sie über Mösern** → S. 75 **wieder ins Inntal zurück und fahren bis Mötz auf der Autobahn.** Kehren Sie jetzt ein in eines der schönsten Klöster Tirols, in die barocke Pracht des ⑰ **Stift Stams** → S. 73. Nach dem Ausflug zu den Zisterziensern **kehren Sie wieder nach Mötz zurück und fahren nach Norden hinauf auf das Mieminger Plateau**, in die Heimat des „Bergdoktors" aus der gleichnamigen Fernsehserie. Nächtigen Sie am Holzleitensattel inmitten von Lärchenwäldern, die sich im Herbst bunt verfärben, im luxuriösen ⑱ **Bio-Hotel Holzleiten** *(41 Zi. | Holzleiten 84 | Tel. 05264 82 44 | www.holzleiten.at | €€€)*.

⑮ Ganghofermuseum

⑯ Hämmermoosalm

33 km

⑰ Stift Stams

21 km

⑱ Bio-Hotel Holzleiten

34 km

TAG 7

Tags darauf fahren Sie den Holzleitensattel hinunter nach Nassereith und dann über den Fernpass ins Außerfern. Der Weg dorthin kann an Samstagen im Sommer wegen Verkehrsüberlastung recht mühsam sein. Vermeiden Sie

Auch am Wilden Kaiser in den Kitzbüheler Alpen blüht der Enzian blau

19 Zugspitze

60 km

20 Schloss Landeck

27 km

21 Sankt Anton am Arlberg

daher am besten diesen Reisetag. In **Ehrwald → S. 86** angekommen, wartet dafür aber ein echter Höhepunkt: die **19 Zugspitze → S. 88**. **Von der Tiroler Seite aus geht es auf den Gipfel von Deutschlands höchstem Berg – ein atemberaubendes Alpinabenteuer per Gondelfahrt,** wenn auch ein ziemlich teures. **Wenn sie über das Gurgeltal wieder im Inntal angekommen und Richtung Arlberg weitergefahren sind,** lernen Sie in **Landeck → S. 65**, im Museum des gleichnamigen **20 Schlosses → S. 65**, die Geschichte der Tiroler Auswanderer kennen. Und schließlich nähern Sie sich dem Endpunkt der Reise, **21 Sankt Anton am Arlberg → S. 69**, der Wiege des Skisports. Mit seiner modernen Architektur, den vielen Sport- und Wandermöglichkeiten im Sommer wie im Winter, ist das Örtchen auf 1300 m Höhe der beste Abschluss für die Tour quer durch Tirol. Geben Sie sich im dortigen **Skimuseum** *(im Winter tgl., Sommer Mo geschl. | Rudi-Matt-Weg 10 | Eintritt 4 Euro | www.museum-stanton.com)* dem „Weißen Rausch" auf den Spuren der Großen dieses Sports hin.

2 BURGENTOUR AM OBEREN GERICHT

START: 1 Schloss Landeck
ZIEL: 8 Reschensee

Strecke: 80 km

1 Tag
reine Fahrzeit 1,5 Stunden

KOSTEN: Eintritte und Mittagessen 55 Euro

ACHTUNG: Bitte wechselnde Öffnungszeiten der einzelnen Burgen beachten.

Der 60 km (mit Abstecher 80 km) lange Weg von Landeck zum Reschenpass, das Obere Gericht, war früher einer der wichtigsten Übergänge über die Alpen nach Italien und deswegen mit zahlreichen Burgen gesichert. Einige dieser Burgen sind einen Besuch wert. Dafür lohnt ein ganzer Tag. Die Öffnungszeiten der Burgen ändern sich oft. Das örtliche Tourismusbüro weiß immer, wann welche Burg geöffnet hat.

1 Schloss Landeck

Schauen Sie sich im **1 Schloss Landeck → S. 65** die sehenswerte Ausstellung über die Tiroler Migration an und machen Sie sich dann selbst auf den Weg: **den Inn entlang, Richtung Reschenpass, zunächst auf der L76 (und**

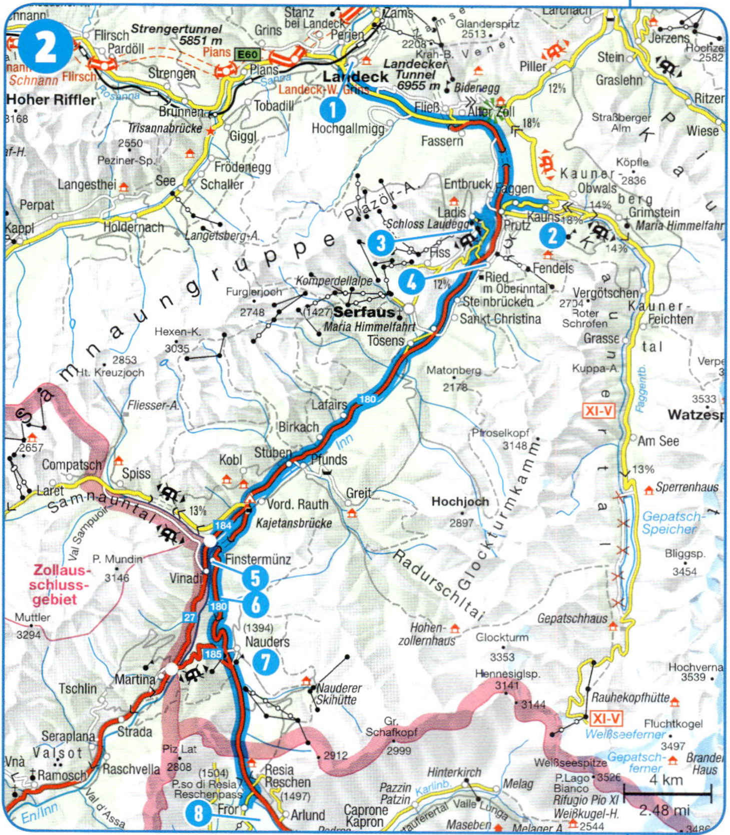

nicht durch den Landecker Tunnel). Auf der Reschenstraße (B180) angekommen, führt etwa 12 km nach Landeck eine eiserne Brücke über den Inn. Die **Pontlatzbrücke**, heute modernisiert, spielte 1703 während des Spanischen Erbfolgekriegs und 1809 während der Tiroler Befreiungskriege eine bedeutende Rolle. **Die Brücke lassen Sie rechts liegen, denn in Prutz wartet ein kurzer Abstecher nach links ins wildromantische Kaunertal:** Auf einer Felswand oberhalb von Kauns thront **2 Burg Berneck** *(Führungen Juli–Sept. Do 11 u. 15, Fr 11 Uhr | Eintritt 5 Euro | www.kauns.tirol.gv.at)*, die oft als „schönste gotische Wohnburg Tirols" bezeichnet wird. **Zurück in Prutz überqueren Sie die Reschenstraße und den Inn und fahren auf kleiner Straße**

18 km

2 Burg Berneck

7 km

3 Burg Laudeck

4 km

4 Schloss Siegmundsried

23 km

5 Grenzfeste Altfinstermünz

13 km

6 Sperrfort Nauders

5 km

7 Schloss Naudersberg

Richtung Ladis zur 3 **Burg Laudeck** *(Juli–Sept. Mi 9, 9.45, 10.30 u. 11.15 Uhr | Eintritt 2 Euro)* mit einem fabelhaft erhaltenen Wohnturm. **Von Ladis aus geht es über die L286 zurück zur Reschenbundesstraße und nach Ried** mit einem Stopp am 4 **Schloss Siegmundsried**.

Setzen Sie Ihre Reise auf der Reschenstraße fort. Kurz nach der Ortschaft Pfunds, wo sie im **Gasthof Berghof** → S. 66 zu Mittag essen können, liegt das **Hotel Kajetansbrücke. Hier beginnt die Führung** zur 5 **Grenzfeste Altfinstermünz** *(Di–So 11–16 Uhr | Eintritt mit Audioguide 5 Euro | Anmeldung erwünscht Tel. 05474 2 00 42 | www.altfinstermuenz.com)*. Bis zum Bau der Reschenbundesstraße im 19. Jh. führte an dieser in den Hang gebauten Befestigungsanlage aus dem 15. Jh. an der engen Talstelle kein Weg vorbei. An der Brücke wurde der Zoll eingezogen. Während der einstündigen Führung erfahren Sie Interessantes über die Geschichte und die Bedeutung des Oberen Gerichts.

Kurz vor Nauders liegt das 6 **Sperrfort** *(So u. Mi 15 Uhr, Gruppenführungen nach tel. Vereinb. | Eintritt 5 Euro | Tel. 05473 8 72 42 | www.nauders.com)*. Der imposante, fünfgeschossige Steinquaderbau wurde zwischen 1836 und 1846 von den Habsburgern gegen Invasionen aus Italien gebaut und ist das einzige Bauwerk dieser Art in Österreich, das innen wie außen unverändert geblieben ist. Ein Teil der mehr als 50 Räume wurde in den Fels hineingebaut. Im Inneren ist ein militärisches Museum mit Waffen, Uniformen und Ausrüstung.

Wo ein Turm nasse Füße bekommt: Reschensee

Die letzte Burg auf der Tour ist 7 **Schloss Naudersberg** *(Di, Mi, Fr, So 16.30 Uhr oder für Gruppen auf Anfrage | Eintritt 5 Euro | Mob. 0664 1 62 45 87 | www.schloss-nauders.at)* (1380 m), **etwa 1 km hinter der Ortschaft Nauders.** 1239 erstmals erwähnt, diente das Schloss bis ins 20. Jh. als Gerichtssitz. Im 15. Jh. wurde es von den Engadinern geplündert, später wieder aufgebaut und erhielt so sein heutiges, prunkvolles Aussehen. Besonders schön ist die prächtige Vertäfelung im alten Gerichtssaal. Im Turm liegen die ehemaligen Gefängniszellen, im 2. Stock befindet sich ein Museum mit Exponaten lokaler Künstler.

8 km

Fahren Sie nach der Besichtigung noch 20 km weiter, über den Reschenpass (1455 m) in den Vinschgau nach Südtirol (Italien). Etwa 3 km hinter dem Pass liegt eines der schönsten Fotomotive der Welt: der 8 **Reschensee**, ein Paradies für Kitesurfer. 1950 wurde er auf dem Gebiet der ehemaligen Ortschaft Graun aufgestaut. Der Kirchturm ist das einzige Bauwerk, das damals nicht abgerissen wurde. Seither ragt die Spitze aus der Mitte des 6 km langen Sees.

8 Reschensee

3 MIT DEM RAD VON LIENZ DURCH DAS ISELTAL

START: 1 Lienz
ZIEL: 1 Lienz

1 Tag
reine Fahrzeit
max. 6 Stunden

Strecke: 60 km
sehr leicht
Höhenmeter: 300

KOSTEN: Eintritt Schloss Bruck 7,50 Euro, Heubad Kienburg 26 Euro, Postbus 6,20 Euro

MITNEHMEN: Regenjacke, Wasser, Sonnenschutz, Fahrradwerkzeug und -pumpe, Reserveschlauch

ACHTUNG: Infos in allen Verkehrsämtern. Der letzte Bus von Matrei fährt tgl. 20.01 Uhr, der Fahrradverleih schließt wochentags um 18 und Sa in der Saison um 17 Uhr.

Der Iseltal-Radweg gehört zu den beeindruckendsten Radwegen Österreichs, vor allem dank des tollen Ausblicks auf die Großvenediger-Kette. Ebenfalls im Blick haben Sie nahezu immer die kristallklare Isel, die zu einem großen Teil unter Schutz steht: An ihren Ufern wächst die vom Aussterben bedrohte Deutsche Tamariske. Die Tour ist in eine Richtung knapp 30 km lang und führt leicht bergan, bis Huben gibt es nur kurze Steigungen zu bewältigen.

1 Lienz

2 km

Beginnen Sie Ihre Tour in 1 Lienz **→ S. 76**, wo Sie ein Rad bei **Probike** *(Amlacher Str. 1a | Tel. 04852 735 36 | www.probike-lienz.at)* leihen können. Genießen Sie zum Start einen Kaffee in der **Konditorei Glanzl** *(Mo–Sa 8–19, So 9–19 Uhr | Hauptplatz 13 | www.konditorei-glanzl.at | €€)* **am schönen Hauptplatz,** der schon sehr mediterran wirkt. **Am Lienzer Hausberg Hochstein, kurz nach der Abzwei-**

❷ Schloss Bruck

29 km

❸ Matrei

12 km

❹ Heu- und Brechlbad Kienburg

18 km

❶ Lienz

gung Richtung Matrei liegt ❷ Schloss Bruck → S. 78 mit der reichhaltigsten Sammlung von Werken des berühmten Osttiroler Malers Albin Egger-Lienz.

Hier, am Fuß des Schlossbergs, beginnt gleich hinter der Tankstelle der eigentliche, ausgezeichnet beschilderte Iseltal-Radwanderweg. Sie fahren weiter, nach Sankt Johann im Walde, vorbei an der Ruine Kienburg und bis Huben. Dort folgen Sie einer wenig befahrenen Straße durch Felder und Wiesen bis nach ❸ Matrei → S. 82, wo im Ortszentrum eine der größten Landkirchen Österreichs steht, die **Pfarrkirche Sankt Alban → S. 82**. Ein derartig pompöses Gotteshaus vermutet man nicht im kargen Iseltal. Und auch kulinarisch hat Matrei eine Besonderheit zu bieten: die vom Restaurantführer Gault-Millau ausgezeichnete INSIDER TIPP **Pizzeria Saluti** *(Mo, Mi–Sa 16–24, So 12–14 u. 17.30–22.30 Uhr | Grießstr. 10 | Tel. 04875 6726 | €–€€)*. Nach einer Stärkung **fahren Sie auf demselben Weg zurück** – und wenn Ihnen der zu anstrengend wird, dann legen Sie im **❹ Heu- und Brechlbad Kienburg** *(Voranmeldung Tel. 04872 56 02)* eine Pause ein, um frisch erholt **❶ Lienz → S. 76** zu erreichen. Sie können statt der Rückfahrt mit eigener Muskelkraft auch in Erwägung ziehen, den *Postbus (Abfahrt Korberplatz) zu nehmen*, der auch Fahrräder transportiert.

4 RUND UM DAS KAISERGEBIRGE

START: 1 Kitzbühel
ZIEL: 1 Kitzbühel

Strecke:
125 km

1 Tag
reine Fahrzeit
2,5 Stunden

KOSTEN: Eintritte 25 Euro, Maut 3 Euro
MITNEHMEN: Badehose, leichte Wanderschuhe, Regenjacke

Eine der schönsten Rundfahrten Tirols führt durch die zwei Hauptorte des Tiroler Unterlandes – Kitzbühel und Kufstein – und bietet einen beeindruckenden Blick auf das Bergmassiv des Wilden Kaisers. Lieblich und romantisch ist dagegen die Landschaft um den Walchsee. Seltenen Tieren und Pflanzen begegnen Sie in der Moorlandschaft der Schwemm und im Naturschutzgebiet Kaiserbachtal.

Der Weg beginnt in 1 Kitzbühel → S. 48 **und führt zuerst durch das Brixental** → S. 51. **Über Kirchberg, Westendorf und Hopfgarten geht es bis nach Wörgl. Ein Zwischenstopp** bietet sich am barocken Prachtbau der **2 Pfarrkirche Sankt Jakob und Sankt Leonhard in Hopfgarten** an, die wegen ihrer Größe und ihren zwei Türmen auch Dom des Brixentals genannt wird. **Über die Bundesstraße geht es jetzt nach 3 Kufstein** → S. 52, wo es eine Menge zu sehen gibt: die **Festung** → S. 52 mit der Heldenorgel etwa, auf jeden Fall aber die **Römerhofgasse** → S. 52 in der Altstadt mit ihrem imposanten Bogen, der zwei Häuser miteinander verbindet. Kehren Sie im **Auracher Löchl** → S. 52 ein, wo das berühmte Kufsteinlied entstanden ist. **Der nächste Halt auf der Strecke ist 4 Ebbs** → S. 54 mit der wichtigsten Haflinger-Zucht der Welt. Auf dem **Fohlenhof** → S. 54 können sie eine Show besuchen.

Weiter geht es durch den Kaiserwinkl, der von den Orten Rettenschöss, Walchsee, Kössen und Schwendt gebildet wird. Dank vieler Almen ist die Region sehr beliebt – und im **5 Walchsee** wartet im Sommer ein erfrischendes Bad. **Nordwestlich vom Ortskern** liegt eine landschaftliche Besonderheit: die INSIDER TIPP Schwemm, Nordtirols größte Moorlandschaft, Heimat zahlreicher seltener Tier- und Pflanzenarten.

1 Kitzbühel
21 km
2 Pfarrkirche Sankt Jakob und Sankt Leonhard
29 km
3 Kufstein
9 km
4 Ebbs
12 km
5 Walchsee
17 km

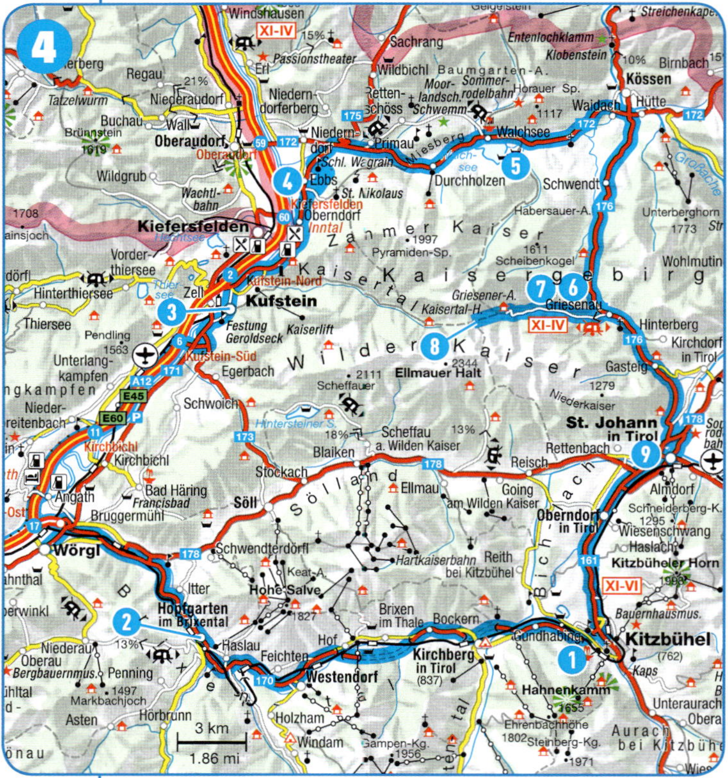

6 Kaiserbachtal

2 km

7 Naturschutzgebiet Kaiserbachtal

6 km

Danach führt die Straße, die bereits recht schmal geworden ist, weiter nach Kössen und Schwendt. Hinter Schwendt biegen Sie bei Griesenau rechts ins 6 Kaiserbachtal ab. Die fünf Kilometer lange *Mautstraße (Ende März–Ende Okt. | Auto 3 Euro)* bringt Sie in das Herz des gleichnamigen 7 INSIDER TIPP **Naturschutzgebiets**. Im wildromantischen Tal befinden sich die **Griesner Alm** *(Kaiserbachtal 6 | Tel. 05352 6 44 43 | www.griesneralm.com | €)* und die **Fischbachalm** *(Kaiserbachtal 2 | Tel. 05352 6 55 26 | www.fischbachalm.at | €)*, aber auch die **Latschenbrennerei Hofmann** *(Mitte April–Ende Okt. tgl. 9–18 Uhr | www.latschenkiefer.at)*. Dort werden auf althergebrachte Weise aus Latschenkieferzweigen ätherische Öle hergestellt. Vom Kaiserbachtal führen viele Wanderungen hinauf in die majestätische Gebirgswelt des Wilden

Kaisers: **In 2,5 Stunden etwa können Sie von der Griesner Alm bis zum herrlich gelegenen 8 Stripsenjochhaus** *(Mitte Mai–Mitte Okt. | Mob. 0664 3 55 90 94 | www.stripsenjoch.at | €)* und wieder zurück gehen.

Nach diesem Abstecher in die Natur folgt das nächste Ziel: 9 Sankt Johann in Tirol. Bekannt ist der Ort unter anderem für die Malerei an den Hauswänden, ähnlich der bayerischen Lüftelmalerei, die es sonst in Tirol nur selten zu sehen gibt. Eine Sünde wert sind die Kuchen im fast 100 Jahre alten **Café Rainer** *(tgl. | Speckbacherstr. 6 | Tel. 05352 6 22 35 | www.cafe-rainer.com)* im Zentrum. **Von hier sind es nur noch ein paar Minuten zurück zum Ausgangspunkt nach 1 Kitzbühel.**

8 Stripsenjochhaus
17 km
9 Sankt Johann in Tirol
11 km
1 Kitzbühel

5 DIE VERSTECKTE ROUTE

START: 1 Innsbruck ZIEL: 1 Innsbruck	**1 Tag** reine Fahrzeit 2 Stunden
Strecke: 160 km	

KOSTEN: Eintritt Aquadome 19 Euro, Turmmuseum 5 Euro
MITNEHMEN: Leichte Wanderschuhe, Regenjacke

ACHTUNG: Im Kühtai können Ihnen Kühe auch mitten auf der Straße begegnen.

Ein Tagesausflug für alle, die mit dem Auto oder dem Motorrad gerne Kurven fahren: Abseits der üblichen Route, die sonst über die Autobahn Innsbruck–Landeck führt, geht es durch das landschaftlich beeindruckende, ursprünglich gebliebene Sellraintal bis ins Ötztal.

Über Autobahn oder Bundesstraße geht es zunächst an Völs vorbei von 1 Innsbruck → S. 33 **nach Kematen und dann Richtung Süden, ins schmale Sellraintal.** Der Fluss, der sich vom Kühtai hinunterwindet, ist die Melach. Dort, wo sie in den Inn mündet, trennt sie – zumindest nach einer der vielen Auslegungen – das Ober- vom Unterland. Das Sellraintal ist hier an seinem Anfang touristisch noch wenig erschlossen, selten erleben Sie Tirol ursprünglicher: Auf den steilen Hängen wird die Landwirtschaft teilweise noch mit der Hand verrichtet.

1 Innsbruck
23 km

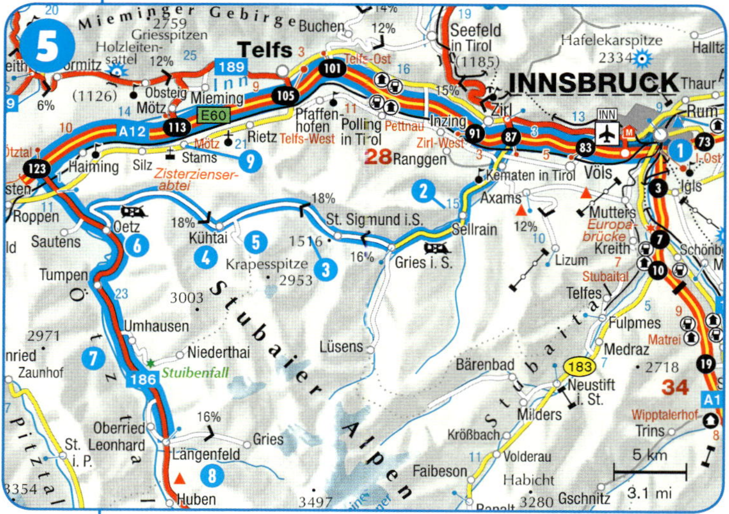

❷ Wallfahrtskirche Sankt Quirin

15 km

❸ Bergoase Forellenhof

6 km

❹ Kühtai

4 km

Im Hauptort **Sellrain** steht eine der wenigen gotischen Kirchen des Landes, die **❷ Wallfahrtskirche Sankt Quirin**. Die Schnitzfiguren und Wandmalereien im Innern stammen aus dem 15. und 16. Jh. **Um sie zu besichtigen, biegen Sie in Sellrain rechts ab und folgen nun einer äußerst steilen Bergstraße in etlichen Serpentinen zum Kirchlein im gleichnamigen Ortsteil.**

Die Strecke führt dann durch die Orte Gries und Sankt Siegmund immer weiter, bis die Landschaft fast den Charakter eines kargen schottischen Hochtales bekommt. Im kleinen Weiler Haggen ist die ideale Zeit für eine Mittagspause gekommen. Die **❸ Bergoase Forellenhof** *(Do–Sa 10.30–21.30, So 10.30–17.30 Uhr | Haggen 8 | Mob. 0650 4 44 77 60 | www.bergoase.at | €€)* bietet ausgezeichnete Fischgerichte zu moderaten Preisen in einer urtümlichen Landschaft. **Gestärkt erreicht man schließlich das ❹ Kühtai** auf rund 2000 m Höhe. Das Dorf wirbt damit, olympisches Höhentrainingszentrum zu sein. Nicht einmal zehn Einwohner sind hier gemeldet: Selbst das ehemalige Jagdschloss von Kaiser Franz Josef am Dorfende, das nun einer bekannten Adelsfamilie gehört, ist heute eines der vielen Hotels, die nur im Winter geöffnet haben. Besonders lohnenswert ist es, **beim Drei-Seen-Lift links der Straße sein Fahrzeug zu parken und sich bei einer kleinen Wanderung**

zum 5 **Stausee Finstertal** die Beine zu vertreten. **Die Krone des Staudammes erreicht man in knapp einer Stunde auf einer gesperrten Asphaltstraße.** Oben angekommen, können Sie die Architektur des 149 m hohen Schüttdammes bewundern und einen Blick über den See in die Bergwelt der Stubaier Alpen werfen. In einem kleinen Schauraum werden Sie über die Baugeschichte und die gesamte Kraftwerksgruppe Sellrain-Silz informiert. Nach der Wanderung hat man sich Kaffee und Kuchen auf der Sonnenterrasse des **Dorfstadl** *(Tel. 05239 5265 | www.dorfstadl.at)* verdient.

Hinter dem Kühtai geht es wieder bergab, an einem weiteren Stausee vorbei, bevor Sie 6 Oetz → S. 69 erreichen. Besuchen Sie hier auf jeden Fall das **Turmmuseum → S. 71**, **tiefer im 7 Ötztal → S. 69** können Sie sich dann in der Therme Längenfeld, dem **8 Aqua Dome → S. 72**, verwöhnen lassen. **Planen Sie noch einen Halt im prächtigen 9 Stift Stams → S. 73 (Autobahnausfahrt Mötz)** ein und essen Sie in der restaurierten **Orangerie Stift Stams** *(Mo–Sa 10–23, So 10–21 Uhr | Stiftshof 7 | Tel. 05263 514 79 | www.orangeriestams.at | €€–€€€)* zu Abend, bevor Sie **über die Autobahn nach 1 Innsbruck** zurückkehren.

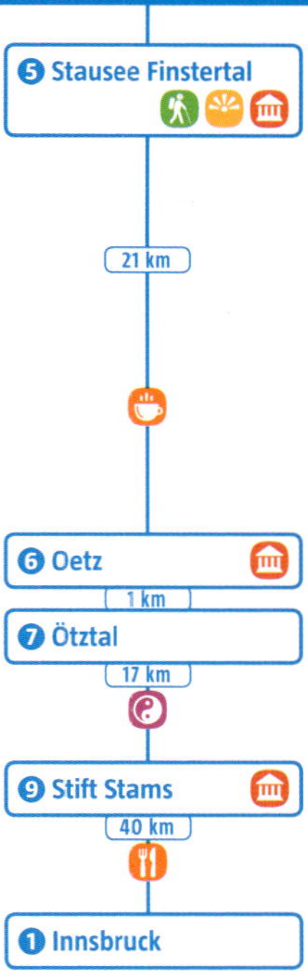

Spieglein, Spieglein, wer hat die schönsten Berge im Land? Das Sellraintal!

Bild: Gletscherwanderer im Wildspitzmassiv

SPORT & WELLNESS

Tirol ist ein Paradies für Sportler: Skifahren, Snowboarden oder Rodeln sind österreichweit top, aber auch im Sommer ist Tirol perfekt für Mountainbiker, Kletterer oder Wanderer.

Ob für Adrenalinjunkies oder Erholungssuchende, Tirol tut alles, um das Sportangebot laufend zu verbessern und die Anlagen und Wege auf dem neuesten Stand zu halten.

BIKEN & RADFAHREN

Mehr als 1000 km quer durch Tirol in mehr als 30 Etappen mit unterschiedlichen Schwierigkeitsgraden, die alle gut ausgeschildert sind, warten auf Mountainbiker auf dem *Bike Trail Tirol (www.biketrail.tirol.at)*. Im *Bike-Park-Tirol (www.bikepark-tirol.at)* im Wipptal oder im *Bikepark Hopfgarten (www.bikepark-hopfgarten.at)* finden Freerider ihr Glück. *www.bike.tirol.at*.

Der *Inntalradweg* zieht sich am Inn entlang flach durch das ganze Land. Allerdings verläuft er über weite Strecken neben der Autobahn und ist nicht immer besonders schön. Mehr als 40 km lang ist ein Radweg durch das Zillertal. Er beginnt am Inntalradweg in Rotholz und führt dann über Strass, Aschach, Zell am Ziller, Hippach bis nach Mayrhofen.In Osttirol findet sich der Drauradweg, der von Sillian bis Lienz und weiter bis Marburg führt und zu einem der schönsten Radwege Österreichs gehört. *Ausführliche Informationen finden Sie unter www.tirol.gv.at/sport/radfahren*

Ob Sommer oder Winter, grüne Almen oder weiße Pisten: Die Berge Tirols bieten unzählige Möglichkeiten, sich sportlich zu betätigen

GOLF

Eine der schönsten Anlagen ist der *Golfclub Wilder Kaiser (Dorf 2 | Ellmau | Tel. 05358 42 82 | www.wilder-kaiser.com)*. Auch zu empfehlen: *Mieminger Plateau (Obermieming 141e | Mieming | Tel. 05264 53 36 | www.golfmieming.at)*.

KLETTERN

Tirol ist ideal für Kletterfreaks. Die besten *Klettergärten* finden sich in Innsbruck auf dem Weg zur Hungerburg oder in Zirl. Sehr gute Infos und die letzten News gibt es auf *www.climbers-paradise.com*. *Kletterschulen* bieten je nach Können Kurse und Touren an: *Adventure Center Element 3 (Klostergasse 8 | Kitzbühel | Tel. 05356 723 01 | www.element3.at); Bergsteigerschule Stubai (Franz-Senn-Weg 14 | Fulpmes | Tel. 05225 634 90 | www.bergsteigen-stubaital.at)*

Mit mehr als 80 begehbaren Routen und einer großen Boulder-Anlage wartet die *Kletterhalle Imst* (s. S. 64) auf, eine

Wer wird denn bei diesem Wetter gleich in die Luft gehen? Paraglider natürlich!

der größten Tirols. Mit dem *Kletterzentrum Tivoli (Sept.–April tgl. 10–23, Mai–Aug. tgl. 14–22 Uhr | Stadionstr. 1 | Eintritt ab 9,30 Euro | Tel. 0512 39 73 40 | www.kletterzentrum-tivoli.at)* steht eine der modernsten Indoorkletteranlagen Österreichs in Innsbruck. Neu gebaut wurde das Sportzentrum *arl.rock (Di–So 16–21 Uhr | Bahnhofstr. 1 | Tageskarte 9 Euro | Tel. 05446 3 03 24 | www.arlrock.at)* in Sankt Anton am Arlberg: Bouldern, Seilklettern und im Winter Eisklettern an der Außenwand. Außerdem: Squash, Tennis, Kegeln.

Bei einem *Klettersteig* sind im Fels künstliche Tritte und Griffe vorgegeben. Entlang des Steigs führt ein Stahlseil, in das man sich mit Karabinern einhängt (Klettersteigset erforderlich). Das ist wirklich nur etwas für Schwindelfreie. Der *Innsbrucker Panorama Klettersteig* führt etwa fünf Stunden über sieben Gipfel und bietet einen herrlichen Ausblick auf die Stadt. Ein weiterer, nicht allzu schwieriger und INSIDER TIPP sehr romantischer Klettersteig führt entlang des Stuibenfalls im Ötztal. Den krönenden Abschluss Ihrer Tour bildet eine Seilbrücke, über die Sie den Wasserfall queren. *Infos: www.tirol.at/klettersteige*

NORDIC WALKING

Das größte Angebot für den sanften Sport finden Sie in der Silberregion Karwendel rund um Schwaz. Hier erlaufen Sie sich auf 43 Strecken mehr als 400 km Tirol, von der Speedstrecke bis zur gemütlichen Familienwanderung *(www.wilderkaiser.info)*. Das Tannheimer Tal im Außerfern wirbt mit der größten Lauf- und Nordic-Walking Arena Tirols mit allen Schwierigkeitsgraden, eigens erstellten Karten und wöchentlichen Anfängerkursen für die richtige Technik. *Infos im Tourismusbüro (Tel. 05675 6 22 00 | www.tannheimertal.com)*

PARAGLIDING

Auf dem Mieminger Plateau oder bei Kössen sind die schönsten Fluggebiete in

Tirol. Eine Ausbildung ist vor dem Abheben in die Luft vorgeschrieben. *Osttirol: Blue Sky Flugschule (Sillian 83 | Hochpustertal | Tel. 04842 5176 | www.bluesky.at); Unterland: Flugschule Westendorf (Westendorf | Mob. 0676 8 47 617100 | www.para.at); Oberland: Tirol Alpin (Leutasch | Tel. 05214 5152 | www.tirolalpin.at); Stubaital: Flugschule Parafly Neustift (Mob. 0664 4 45 32 33 | www.parafly.at)*

RAFTING

Mit dem Boot einfach loszupaddeln ist in Tirol verboten: Sie brauchen einen professionellen Anbieter. Die Bandbreite reicht von einer ruhigen Fahrt auf dem Inn bis zu einem heißen Wellenritt über einen Gebirgsfluss. Anbieter unter *www.aktiv-tirol.com/rafting.htm*

RODELN

250 ausgebaute Rodelstrecken stehen den Schlittenfans im Winter zur Verfügung. Beliebt sind vor allem nächtliche Rodelpartien wie etwa im Kühtai: In einer halben Stunde spaziert man auf die Graf-Ferdinand-Hütte oder lässt sich mit dem Rodel-Shuttle bei der Talstation Drei-Seen-Lift abholen. Sommerrodelbahnen gibt es in Imst, im Stubaital oder in Leutasch (s. S. 116 u. 117).

SKIFAHREN & SNOWBOARDEN

Die hippsten Skigebiete mit großem Après-Ski-Angebot sind Arlberg, Ischgl, Serfaus und Hochfügen im Zillertal. Im Skigebiet Penken befindet sich die steilste präparierte Piste Österreichs, mit dem vielsagenden Namen „Harakiri".
Ein ruhigeres Familienskigebiet mit Schneegarantie ist die Rosshütte in Seefeld.

Das *Kühtai* hat **INSIDER TIPP** einen der besten Snowboardparks in ganz Tirol, mit hohen Schanzen, Sprüngen und Slidebars. Auch der Nordpark auf der Seegrube hat einen tollen Park. Die Seegrube ist bei Snowboardern, vor allem wenn es frisch geschneit hat, sehr beliebt, weil es dort einige tolle Powder-Strecken gibt. Einfacher und für Einsteiger gut geeignet ist der Park in der Axamer Lizum. Auch in Ischgl wurde ein riesiger Park für Snowboarder gebaut.

WANDERN

Tirol ist ein wahres Paradies für Wanderer. Die große Palette reicht von hochalpinen bis zu sehr gemütlichen Touren. Der *Adlerweg (www.tirol.at/adlerweg)* (von oben sieht die Silhouette aus wie ein Adler) zieht sich quer durch das ganze Land, der *Lechweg* (s. S. 92) beginnt am Ursprung des Lechs und endet am Lechfall in Füssen. Die Wege sind gelb ausgeschildert und die angegebenen Zeiten sind nichts für schlendernde Spaziergänger.
Beliebt sind auch Wanderhotels, die sich auf diese Zielgruppe spezialisiert haben. Wer Entschleunigung sucht, ist zum Beispiel in diesem Hotel mit seiner gemischt modern-urigen Gestaltung genau richtig: **INSIDER TIPP** *Kirchenwirt im Pitztal (Plangeroß 10 | Tel. 05413 8 62 15 | www.kirchenwirt-pitztal.at)*.

WELLNESS

In nahezu jedem Hotel steht Ihnen zumindest eine Sauna zur Verfügung. Aber zunehmend werden auch öffentlich zugängliche Wellnessanlagen geschaffen, etwa die *Erlebnistherme Zillertal* (s. S. 57) oder das *Stubay (tgl. 10–22 Uhr | Telfer Landesstr. 111 | Telfes | Tel. 05225 6 26 66 | www.stubay.at)*.

MIT KINDERN UNTERWEGS

Kraxeln, Spielen, Entdecken – der Tiroler Tourismus hat sich schon vor einigen Jahren auf die Kinder seiner Gäste eingestellt.

Spezielle Kinderhotels bieten Betreuung und Animation für den Nachwuchs und geben Eltern die Möglichkeit, ihren Urlaub noch intensiver zu genießen. Ein großes, modernes Kinderhotel mit Abenteuerspielplatz auf dem Dach, Riesenrutschbahn und Piratenschiff zum Spielen ist etwa das *Hotel Alpenrose (90 Zi. | Danielstr. 3 | Lermoos | Tel. 05673 24 24 | www.hotelalpenrose.at | €€€)*. Dagegen wird im INSIDER TIPP *Replerhof (14 Zi. | Sankt Andrä 73 | Tel. 04877 63 45 | www.replerhof.at | €€€)* in Prägraten in Osttirol ganz auf Natur gesetzt. Im angeschlossenen Bauernhof können die Kinder der Ursprünglichkeit entdecken. Wirklich viel geboten für die Kleinen wird im *Hotel Ballunspitze (75 Zi. | Galtür 20 | Tel. 0544 82 14 | www.ballunspitze.com | €€–€€€)* in Galtür: Babybetreuung, Kinderabenteuerwoche, Schwimmunterricht.

Aber nicht nur Hotels, ganze Ortschaften bezeichnen sich mittlerweile als Familiendörfer, wo die Kinderbetreuung jedes Jahr unter einem anderen, lustigen Motto steht. *Infos unter www.tirol.at/familie*

INNSBRUCK

ALPENZOO INNSBRUCK (U C1) (*c1*)

Bären, Luchse, Elche – mehr als 2000 Tiere und 150 verschiedene Arten, die in den Alpen früher heimisch waren oder

Für den Nachwuchs sind die Berge und Flüsse, die Tier- und Pflanzenwelt Tirols ein wahres Entdecker- und Erlebnisparadies

heute noch in den Bergen leben, sind in dem höchstgelegenen Zoo Europas (750 m) zu Hause. Auf dem Schaubauernhof sind vor allem die vom Aussterben bedrohten Nutztierrassen interessant und sehenswert.

Fahren Sie am besten mit dem Bus W oder der Hungerburgbahn (s. S. 36), denn es gibt leider nur sehr wenige Parkmöglichkeiten. *April–Okt. tgl. 9–18, Nov.–März 9–17 Uhr | Weiherburggasse 37 | Eintritt Erw. 9, Kinder 4,50 Euro, Kombiangebot: Parken in der Garage des Congress, Fahrt mit der Hungerburgbahn und Zooeintritt 12,50 Euro | www.alpenzoo.at*

ERLEBNISBERG MUTTERERALM

(123 E6) (*🕮 H5*)

Kinder tollen hier im Mega-Baumhaus oder auf dem Abenteuerspielplatz herum, plantschen in kleinen Seen oder drehen am Mühlrad. Einen Streichelzoo gibt es auch. Hinauf kommen Sie mit der Gondel *(Berg- und Talfahrt 13 Euro)*. *Tgl. 8.30–17 Uhr bei gutem Wetter | Mutters | www.muttereralm.info*

KUGELWALD AM GLUNGEZER
(123 F6) *(🕮 J4)*
Ein Platz, an dem Kinder toben können. Es gibt eine riesige Kugelbahn mit Zirbenholzkugeln, ein großes Baumhaus, ein Waldklassenzimmer und Klangelemente. Direkt daneben: das *Gasthaus Halsmarter (Halsmarter 1 | Tulfes | Tel. 05223 7 83 61 | €)* an der Mittelstation der Glungezerbahn *(Gondel ab 8 Euro). Im Sommer tgl. 9–16.30 Uhr | Eintritt frei, Kugelmiete 2 Euro/Kugel, Kaution 10 Euro | Tel. 05223 45 54 40 | www.kugelwald.at*

SOMMERRODELBAHN STUBAI
(131 E1) *(🕮 H5)*
Über 40 Steilkurven geht es 2,8 km in die Tiefe. Der Einstieg liegt direkt neben der Bergstation Koppeneck der Serlesbahnen in Mieders. *Juli/Aug. Mo–Fr 9–17, Sa/So 9–18 Uhr | eine Fahrt (inkl. Gondel) 13,20 Euro | www.serlesbahnen.at*
Von der Bergstation kutschieren Sie mit dem *Stubaier Alpenexpress (3,50 Euro/ Fahrt)*, einem Traktor mit Hänger, in 30 Min. zum Kloster Maria Waldrast.

OBERLAND

ALPINE COASTER IMST
(121 F6) *(🕮 E4)*
Auf der längsten Alpenrodelbahn aus 1500 m Höhe in 12 Minuten auf einer Länger von 3,5 km ins Tal sausen – teilweise 6 m über dem Boden! *Juli–Mitte Sept. tgl., Mai/Juni, Mitte Sept.–Okt. Do–So 10–17 Uhr | Hoch Imst 19 | Hochimst | Lift und Rodelbahn 10,50 Euro | www.alpine-coaster.at*

INSIDER TIPP ERLEBNISWELT SERFAUS
(129 D–E3) *(🕮 D6)*
Bei den Wasserrädern und -rinnen, Erdrutschhügeln, der Hängebrücke und den Abenteuerspielplätzen nahe der Mittelstation Komperdell können die Kleinen Schlammschlachten veranstalten und Staudämme bauen. Hobbydetektive machen eine Abenteuerwanderung am Alpkopf und entdecken das Geheimnis eines abgestürzten Flugzeugs. *Juni–Okt. tgl. 8.30–17 Uhr | Gondel (Berg- und Talfahrt) Erw. 12,90, Kinder gratis | Tel. 05476 62 03 | www.serfaus-fiss-ladis.at; www.sommererlebniswelt.at*

LOCHPUTZKLAMM (129 E1) *(🕮 D5)*
Auf der einstündige Wanderung durch die Klamm in Zams gibt es viel zu erleben: einen 30 m hohen Wasserfall, eine 40 m hohen Fontäne und einen 80 m langen Tunnel durch den Fels. Im Winter finden Abendwanderungen durch die ansonsten geschlossene Klamm statt *(Mi 19.30 Uhr | Erw. 3, Kinder 2 Euro). Mai–Okt. Sa–Mo 10–17 Uhr | Eintritt Erw. 4, Kinder 3 Euro | www.zammer-lochputz.at*

UNTERLAND

ALPINOLINO (125 F4) *(🕮 N3)*
Spielen, forschen und entdecken können Kinder auf dem 1,5 km langen Weg rund um die Choralpe in Westendorf: die Sinne erproben, sich im Weitsprung oder Wettlauf messen oder Murmeltiere beobachten. *Tgl. 8.30–17 Uhr | Bergbahnen Westendorf | Gondel (Berg- und Talfahrt) Erw. 17,50, Kinder 9 Euro | Tel. 05334 20 00 | www.alpinolino.at*

HEXENWASSER SÖLL (125 E3) *(🕮 N2)*
Von der Quelle bis zur Mündung erfahren Kleine und Große, wie Wasser quillt, sprudelt und Wellen schlägt. Im Hexenwald und am Hexenbach können sich Kinder in Hexen verwandeln und auf einem Besen reiten. Zum Rundparcours *(1,5 Std.)* auf dem Hochsöll kommen Sie mit der Gondel. *Ende Mai–Mitte Okt. tgl. 9–17.30 Uhr | Eintritt Erw. 15, Kinder 7 Euro | www.hexenwasser.at*

Was sprudelt, strudelt und plätschert denn da? Auf Antwortsuche am Hexenwasser Söll

OSTTIROL

WICHTELPARK SILLIAN

(134 B5) (*🕮 O–P8*)

Rutschen, Schaukeln, Minigolfplatz und viele Möglichkeiten, im Wasser zu plantschen – das alles und dazu noch einen Hochseilgarten finden Sie in dem Erlebnispark am Ortsrand von Sillian. *Mai–Okt. 9–20 Uhr | Eintritt frei | www.wichtel.at*

WILDPARK ASSLING (135 D5) (*🕮 Q8*)

Hoch droben in Assling sehen Sie Dutzende Tierarten, die in den Alpen leben oder gelebt haben. Viele Tiere laufen frei herum. Am lustigsten sind die Murmeltiere gleich zu Beginn des Rundgangs. Die putzigen Nager, in freier Wildbahn sehr scheu, betteln hier um Futter *(Ende April–Okt. 9–19 Uhr | Eintritt Erw. 7, Kinder 3,50 Euro)*. Mitten durch den Wildpark sausen Sie auf einer Sommerrodelbahn vorbei an grasenden Rehen. *Juli–Sept. tgl. 11–17 Uhr, April/Mai/Okt. nur Sa/So 11–17 Uhr | Unterassling 39 | Eintritt Erw. 4,90, Kinder 3,90 Euro | Mob. 0664 2 66 33 74 | www.wildpark-assling.at*

AUSSERFERN

9ER ERLEBNISWEG TANNHEIM

(121 D3) (*🕮 C–D2*)

Mit der Gondelbahn in Tannheim geht es hinauf zur Bergstation Neunerköpfle. Schautafeln entlang eines 1 km langen Wegs auf den Gipfel erklären die Berge und ihre Tierwelt. *Gondel (Berg- und Talfahrt) Erw. 17, Kinder 10 Euro | Tel. 05675 6 22 00 | www.tannheimertal.com*

SOMMERRODELBAHN

(122 A4) (*🕮 F3*)

Großen Spaß verspricht die rasante Abfahrt über die 1300 m lange Bahn in Biberwier. *Tgl. 9–16.30 Uhr | Juch 3 | Erw. 7,70, Kinder 4,80 Euro | www.bergbahnen-langes.at*

EVENTS, FESTE & MEHR

FESTE & VERANSTALTUNGEN

JANUAR

Das ★ ***Hahnenkammrennen*** *(www.hahnenkamm.com)* in Kitzbühel ist ein Skirennenklassiker.

4. Jan.: ***Vierschanzentournee*** am Bergisel in Innsbruck

FEBRUAR/MÄRZ

In der Fasnachtszeit wird der Winter ausgetrieben. Am berühmtesten ist der ★ ***Imster Schemenlauf*** *(www.fasnacht.at):* Alle vier Jahre am So vor dem Faschingssonntag *(nächster Termin: 2020)*.

Telfer Schleicherlaufen *(www.schleicherlaufen.at):* Alle fünf Jahre *(nächster Termin: 2020)* führen die Schleicher mit ihrem prächtigen Kopfschmuck ihren Tanz vor.

Mullerlaufen*:* In den Dörfern der Region Absam-Thaur sorgen Zotteler und Zaggeler mit einem Schlag auf die Schulter für Fruchtbarkeit im kommenden Jahr.

Beim ***Wampelerreiten*** *(www.wampelerreiten.com):* Alle vier Jahre *(nächster Termin: 2019)* bringen in Axams die Reiter die Wampeler in ihren Frauenkleidern zu Fall.

Das ***Funkenbrennen*** in Pinswang im Außerfern zeigt das Ende der Fasnacht an.

Am 12. März läuten Kinder mit Kuhglocken beim ***Grasausläuten*** im Unterinntal den Frühling herbei.

MAI/JUNI

Am 1. So im Mai wird mit viel Bier und Ranggeln (einem Ringkampf) der berühmteste Tiroler Kirchtag, das ★ ***Gauderfest*** *(wwww.gauderfest.at)* in Zell am Ziller, gefeiert.

Um den 21. Juni leuchten in ganz Tirol auf den Bergen ***Sonnwend-, Johannes- oder Herz-Jesu-Feuer***.

ENDE JUNI–MITTE JULI

Moderne und klassische Tanzaufführungen beim ***Tanzsommer Innsbruck*** *(www.tanzsommer.at)*

JULI

Ambraser Schlosskonzerte

Zum INSIDER TIPP ***Olala-Straßentheaterfest*** *(www.olala.at)* nach Lienz kommen Gaukler und Artisten aus aller Welt.

Mitte Juli: ***Tiroler Festspiele Erl*** *(www.tiroler-festspiele.at)* mit Oper, Konzert und Kammermusik

ENDE JULI–ENDE AUGUST

Tiroler Volksschauspiele Telfs *(www.volksschauspiele.at)*

Der Mix aus Moderne und Tradition bringt den Tirolern spannende Events zwischen Vierschanzentournee und Fasnachtsbräuchen

Innsbrucker Festwochen Alter Musik *(www.altemusik.at)*
Beim ***Festival der Träume*** bezaubern in Innsbruck die besten Clowns der Welt.
Am Wochenende wird auf der Festung gespielt: ***Operettensommer in Kufstein*** *(www.operettensommer.com)*

SEPTEMBER/OKTOBER

Sprachsalz *(www.sprachsalz.com):* Tiroler Literaturtage in Hall
Klangspuren *(www.klangspuren.at):* Festival zeitgenössischer Musik in Schwaz
Bergfilmfest *(www.filmfest-stanton.at)* in Sankt Anton
FIS Skiweltcup Opening: Um den Nationalfeiertag am 26. Okt. wird die alpine Skisaison in Sölden eröffnet.

NOVEMBER

1./2. Nov.: Beim ***Krapfenschnappen*** in Lienz machen Burschen mit Holzspielzeug Radau. Als Geschenk gibt's Krapfen.
Sonntag nach dem 6. Nov.: ***Leonhardiritt*** in Kundl

DEZEMBER

★ ***Innsbrucker Christkindlmarkt***
5./6. Dez.: In vielen Orten treibt der ***Krampus***, der böse Begleiter des hl. Nikolaus, sein Unwesen.
26. Dez.: ***Stefani-Pferdeschlittenrennen*** in Sankt Johann in Tirol
31. Dez.: ***Innsbrucker Bergsilvester***

FEIERTAGE

1. Januar	Neujahr
6. Januar	Dreikönig
März/April	Ostermontag
1. Mai	Tag der Arbeit
Mai/Juni	Christi Himmelfahrt, Pfingstmontag, Fronleichnam
15. August	Mariä Himmelfahrt
26. Oktober	Nationalfeiertag
1. November	Allerheiligen
8. Dezember	Mariä Empfängnis
25./26. Dez.	Weihnachten

LINKS, BLOGS, APPS & CO.

LINKS & BLOGS

short.travel/tir3 Die Webseite des öffentlich-rechtlichen Fernsehens hat die besten Ausflugstipps

www.tourenwelt.at Fast 300 Ski-, Rad- und Wandertouren aus Tirol mit allen wichtigen Infos und Fotos

short.travel/tir1 Leckere Rezepte für Sie zum Nachkochen, wenn Sie aus dem Urlaub wieder zu Hause sind

short.travel/tir5 Gute Reisetipps aus der Geo-Community und einige der schönsten Fotos aus Tirol

www.marcopolo.de/tirol Alles auf einen Blick zu Ihrem Reiseziel: Interaktive Karten inklusive Planungsfunktion, Impressionen aus der Community, aktuelle News und Angebote ...

www.almenrausch.at hat einige der besten Wander- und Tourentipps in Tirol, Südtirol und Bayern

alpen-wetter.blogspot.com Unterhaltsame Einblicke in das Tiroler Wetter, verfasst von einem Meteorologen

mein-tirol-foto.at Haben Sie schöne Schnappschüsse von Ihrem Urlaub? Hier hochladen und am Fotowettbewerb teilnehmen

www.schnee.at Der Obergurgl Blog. Launiges aus dem hintersten Winkel des Ötztals, mit vielen Fotos

blogtirol.at Auch wenn die Verfasser Tourismus-Profis sind und bei der Tirol Werbung arbeiten: Ihr Blog ist unabhängig und informativ!

oetztalblog.com Schön aufgemachte Seite mit Nachrichten, Porträts, Fotos, Wander- und Radtipps aus dem Ötztal. Sehr nützlich: eine Liste aller kostenlosen WLAN-Hotspots im Tal

Egal, ob für Ihre Reisevorbereitung oder vor Ort: Diese Adressen bereichern Ihren Urlaub. Da manche sehr lang sind, führt Sie der short.travel-Code direkt auf die beschriebenen Websites. Falls bei der Eingabe der Codes eine Fehlermeldung erscheint, könnte das an Ihren Einstellungen zum anonymen Surfen liegen

www.couchsurfing.org Auf der Community Tyrol findet man immer ein freies Sofa und kann auch einmal Restkarten für das Hahnenkammrennen ergattern

www.facebook.com/tirol Zentausende haben hier schon den *like-button* geklickt. Infos zu neuesten Events, betrieben von der Tirol Werbung

tirolchat.com Einloggen und mit Tirolern in Kontakt treten

VIDEOS & MUSIK

youtube.com/user/tirol Toller Channel mit vielen Impressionen aus dem Land: jede Menge Beiträge zur lokalen Küche und eine Anleitung zum Selbermachen von Trachten – was will man mehr?

short.travel/tir6 Der Titel des Videos spricht für sich: „A Magic Day in Tyrol"

www.webcam-tirol.mobile-soft.at Eine Übersicht über Webcams aus verschiedenen Teilen des Landes

short.travel/tir7 45-minütige Reportage des hessischen Fernsehens mit einem Schwerpunkt auf Fiss, Ladis und Serfaus

APPS

Tirol Snow App Routeninfos, Pistenbedingungen, Schneeverhältnisse, Anfahrt ins Skigebiet, Events und viel Winterliches mehr bietet diese iPhone-App

ivb-scout Die Abfahrtszeiten der öffentlichen Verkehrsbetriebe in Innsbruck in Echtzeit für Android und iPhone

Tirolerisch für alle Sehr launiges Wörterbuch, mit der Sie das krachende Tirolerisch leicht erlernen können. Mit Sprachausgabe für das iPhone

Tiroler Wirtshaus Wollen Sie wissen, wo sich das nächste Tiroler Wirtshaus mit Qualitätsgarantie befindet? Diese iPhone-App verrät es Ihnen

Peak Finder Alps Mit dieser App für iPhone und Android können Sie die Gipfel, die Sie gerade sehen, namentlich anzeigen lassen

PRAKTISCHE HINWEISE

ANREISE

Nach Tirol kommt man von Deutschland aus am schnellsten über die Autobahn von München nach Kufstein (A8 und A93). Weitere beliebte Einreisestrecken sind Achenpass, Mittenwald–Scharnitz oder Füssen–Außerfern. Nach Osttirol kommen Sie über Kufstein, Kitzbühel, Salzburg und durch den Felbertauerntunnel

Die Schnellzüge von München nach Innsbruck verkehren alle zwei Stunden, stündliche Verbindungen (mit Umsteigen) in Kufstein. Fahrtzeit ca. zwei Stunden. Von Innsbruck fährt alle zwei Stunden ein Zug nach Wien. Von Innsbruck nach Lienz führt die Strecke über Kitzbühel, dann mit dem Bus weiter. Es gibt auch Direktzüge am Tag *(www.oebb.at, www.db.de)*. Im Winter können Sie mit dem Schnee-Express von Deutschland nach Tirol fahren: entweder im Sitz- oder Liegewagen oder im Partywagen mit Musik *(www.schnee-express.com)*.

Viele Anbieter haben Busreisen nach Tirol im Programm *(Buchung z. B. bei www.buswelt.de)*. Für Bustouristen gibt es in Tirol ein eigenes Marketingkonzept, das sich speziell dieser Art des Reisens annimmt, mit eigenen Hotels und Programmen *(www.bus.tirol.at)*. Die Anreise mit dem Fernbus ist unschlagbar günstig: Von Stuttgart dauert die Fahrt nach Innsbruck etwa mit *MeinFernbus (www.meinfernbus.de)* knapp sieben Stunden und kostet ab 16 Euro.

Der *Flughafen Innsbruck (Fürstenweg 180 | Tel. 0512 22 52 50 | www.innsbruck-airport.com)* ist der einzige internationale Flughafen in Tirol.
Wenn Sie ins Außerfern wollen, können Sie den Allgäu Airport in Memmingen wählen. Vom und zum Flughafen München wird ein eigenes *Airport-Taxi* eingesetzt, von *Four Seasons Travel Reisen (Burgenlandstr. 8 | Innsbruck | Tel. 0512 58 41 57 | www.tirol-taxi.at)*.

GRÜN & FAIR REISEN

Auf Reisen können auch Sie viel bewirken. Behalten Sie nicht nur die CO_2-Bilanz für Hin- und Rückreise im Hinterkopf *(www.atmosfair.de; de.myclimate.org)* – etwa indem Sie Ihre Route umweltgerecht planen *(www.routerank.com)* – , sondern achten Sie auch Natur und Kultur im Reiseland *(www.gate-tourismus.de; www.ecotrans.de)*. Gerade als Tourist ist es wichtig, auf Aspekte wie Naturschutz *(www.nabu.de; www.wwf.de)*, regionale Produkte, wenig Autofahren, Wassersparen und vieles mehr zu achten. Wenn Sie mehr über ökologischen Tourismus erfahren wollen: europaweit *www.oete.de*; weltweit *www.germanwatch.org*

AUSKUNFT

TIROL INFO
Maria-Theresien-Str. 55 | 6010 Innsbruck | Tel. 0512 7 27 20 | www.tirol.at

OSTTIROL-WERBUNG
Albin-Egger-Str. 17 | 9900 Lienz | Tel. 050 212212 | www.osttirol.com

Von Anreise bis Zoll

Urlaub von Anfang bis Ende: die wichtigsten Adressen und Informationen für Ihre Tirolreise

Eine Linksammlung und Infos zu Tiroler Ferienorten bietet *www.tourismus-tirol.com*. Tickets und Fahrpläne unter *www.vvt.at,* Infos zu sportlichen Events: *www.sport.tirol.at*
(Winter-)Sportler informieren sich u. a. auf *www.berge-tirol.at*, *www.bergfex.at/tirol*, *www.bergfuehrer.at (mit vielen Serviceangeboten)*, *www.tirolergletscher.com (Portal der fünf Gletscher Tirols)*, *www.bergrettung-tirol.com*, *lawine.tirol.gv.at (Lawinenlagebericht)*, *www.ski-tirol.eu (Tiroler Skigebiete).*
Wollen Sie sich über die Gastronomie vor Ort informieren oder nach dem Urlaub zu Hause Tiroler Rezepte nachkochen: *www.kulinarium-tirol.at*

AUTO

Die Benutzung der Autobahnen ist kostenpflichtig, die benötigte Vignette erhalten Sie an den Grenzübergängen. Sie muss vor der Auffahrt auf die Autobahn auf die Windschutzscheibe geklebt werden, nicht auf die Seitenscheibe – dann ist sie ungültig. Die Auto-Vignette kostet 8,50 Euro (Motorrad 4,90) für zehn Tage, Euro 24,80 (Motorrad 12,40 Euro) für zwei Monate, 82,70 Euro (Motorrad 32,90 Euro) für ein Jahr. Wenn Sie über die Brennerautobahn weiter nach Italien fahren wollen, kostet das 8 Euro pro Fahrt extra. Pannenhilfe: *ÖAMTC | Tel. 120; ARBÖ | Tel. 123; Euronotruf 112*

DIPLOMATISCHE VERTRETUNGEN

DEUTSCHE BOTSCHAFT
Metternichgasse 3 | 1030 Wien | Tel. 01 7115 40 | www.wien.diplo.de

DEUTSCHES HONORARKONSULAT
Maria-Theresien-Str. 23 | 6020 Innsbruck | Tel. 0512 5 70 19 90

SCHWEIZER BOTSCHAFT
Kärntner Ring 12 | 1010 Wien | Tel. 01 7 95 05 | www.eda.admin.ch/wien

GESUNDHEIT

In Tirol wird die Europäische Krankenversicherungskarte (EKVK, in Österreich e-card) akzeptiert. Sie gilt aber in den meisten Fällen nur für akute Krankheitsfälle und Verletzungen. Fragen Sie am besten vor der Reise bei Ihrer Krankenkasse nach, welche Behandlung gedeckt ist. Es kann Ihnen nämlich passieren, dass ein Arzt eine Bezahlung der Behandlung in bar verlangt.

MEDIEN

In den *Trafiken*, wie die Kioske in Österreich genannt werden, sind deutsche, Schweizer und internationale Zeitungen praktisch überall erhältlich. In Tirol selbst ist die „Tiroler Tageszeitung" *(www.tt.com)* die lokale Informationsquelle. Alle Hotels des Landes haben Satelliten- oder Kabelanschluss für die gängigsten deutschsprachigen Fernsehprogramme. Gesprochene Nachrichten finden Sie auch auf *tirol.orf.at,* dem Tirol-Magazin des Österreichischen Rundfunks (ORF).

NOTRUFE

Europaweit einheitlicher Notruf: *112;* Verlust oder Diebstahl der Kreditkarte: *0049 116116*

ÖFFENTLICHE VERKEHRSMITTEL

Generell ist das öffentliche Verkehrsnetz in Tirol sehr gut ausgebaut, vor allem im Inntal zwischen Wörgl und Telfs haben Sie die Wahl zwischen Zug- oder Busverbindungen mit kurzen Intervallen. Je entlegener das Tal allerdings ist, in dem Sie Urlaub machen, desto seltener fährt ein Bus. Die Hauptbetriebszeiten sind von 5.30 bis 24 Uhr. In den meisten Touristenorten gibt es im Winter gratis Skibusse. Auch von Innsbruck aus fahren Busse gratis in die Skigebiete.

Straßenbahnen und Busse der Innsbrucker Verkehrsbetriebe durchziehen die Landeshauptstadt mit einem dichten Netz, der Fahrplan ist online unter *www.ivb.at* abrufbar. Ab Mitternacht fahren täglich im Stundentakt Nachtbusse, so genannte Nightliner, in der Stadt und in der Umgebung.

ÖFFNUNGSZEITEN

Lebensmittelgeschäfte haben prinzipiell Mo–Fr 8–18.30 Uhr geöffnet, teilweise auch bis 20 Uhr. Alle anderen Läden öffnen um 9 Uhr. Am Samstag schließen die Geschäfte spätestens um 17 Uhr. In entlegenen Gegenden machen manche Geschäfte zwischen 12 und 14 Uhr Mittagspause.

Banken öffnen von 8 bis 16 Uhr. Die Hauptsaison dauert von Juni bis September und Dezember bis Ostern. Dazwischen haben Hotels und Liftanlagen oft geschlossen, viele Museen sind außerdem montags zu.

PARKEN

Praktisch überall in Tirol werden für das Parken Gebühren verlangt, auch im Gebirge bei Wanderparkplätzen steht meist ein Automat. In der Stadt Innsbruck be-

WETTER IN INNSBRUCK

	Jan.	Feb.	März	April	Mai	Juni	Juli	Aug.	Sept.	Okt.	Nov.	Dez.
Tagestemperaturen in °C	1	4	11	16	20	24	25	24	21	15	8	2
Nachttemperaturen in °C	-6	-4	0	4	8	11	13	12	10	5	0	-4
Sonnenschein Stunden/Tag	3	4	5	6	6	6	7	7	6	5	3	2
Niederschlag Tage/Monat	9	8	7	9	11	14	14	13	10	8	8	8

 Sonnenschein Stunden/Tag   Niederschlag Tage/Monat

nützen Sie am besten Parkstraßen in der Peripherie. Diese sind mit einem grünen P gekennzeichnet. Dort können Sie Ihren Wagen für 7 Euro den ganzen Tag stehen lassen.

POST

Die Postämter haben von 8 bis 18 Uhr geöffnet, mittags schließen sie meist zwischen 12 und 14 Uhr. Eine Standardsendung (bis 20 g) kostet EU-weit 70 Cent, weltweit 1,70 Euro.

TELEFON & HANDY

Öffentliche Telefonzellen sind fast verschwunden, weil Österreichs Handydichte hoch und die Netzabdeckung gut ist. Es gibt fünf Provider und einen unüberschaubaren Tarifdschungel. Ihr heimischer Anbieter kann Ihnen genau sagen, mit welchen Firmen er in Österreich kooperiert.

Mit einer Prepaid-Karte aus Österreich entfallen die Gebühren für eingehende Anrufe. Bei Ferngesprächen entfällt die 0 der Ortsvorwahl. Vorwahl Deutschland: 0049, Schweiz: 0041, Österreich: 0043

TRINKGELD

Generell ist Trinkgeld kein Muss. Die Kellner leben jedoch zu einem großen Teil davon, fünf bis zehn Prozent sind angemessen.

UNTERKUNFT

Prinzipiell stehen alle Hotelkategorien zur Verfügung, nach wie vor dominiert der traditionelle Tiroler Stil über modernes Design. Sehr beliebt, weil besonders urig, ist die Übernachtung in Almhütten. Urlaub auf dem Bauernhof wird zunehmend beliebter. Nicht nur im Sommer, auch im Winter gibt es in Tirol mehr als 100 Campingplätze in meist wunderschöner Landschaft. Wildes Campen ist in ganz Österreich generell verboten. *Österreichischer Camping-Club ÖCC (Schubertring 1–3 | 1010 Wien | Tel. 01 7136151 | www.campingclub.at)*

Mit einem internationalen Jugendherbergsausweis übernachten Sie günstig in Jugendherbergen in Innsbruck, Kirchberg, Kössen, Maurach und Umhausen/Niederthai. Infos: *www.oejhv.at*.

WAS KOSTET WIE VIEL?

Kaffeepause	**6,50 Euro** *für einen „Verlängerten" und ein Stück Kuchen*
Bier	**3,50 Euro** *für ein Großes (0,5 l)*
Seilbahn	**15–20 Euro** *Berg- und Talfahrt im Sommer*
Mountainbike	**20 Euro** *Tagesleihgebühr*
Benzin	**1,40 Euro** *für 1 l Superbenzin*
Brettljause	**10 Euro** *für Speck, Käse, Brot*

ZOLL

Innerhalb der EU dürfen Sie 800 Zigaretten, 400 Zigarillos, 200 Zigarren, 1 kg Tabak, 10 l Spirituosen, 20 l Likör, 90 l Wein und 110 l Bier einführen. Für Schweizer sind die Einfuhren beschränkt auf einen Gesamtwarenwert von 300 Franken und 250 Zigaretten/Zigarren, 5 l alkoholische Getränke bis max. 18 %, 1 l Spirituosen über 18 %. Infos: *www.zoll.de | www.ezv.admin.ch*

REISEATLAS

Verlauf der Erlebnistour „Perfekt im Überblick"
Verlauf der Erlebnistouren

Der Gesamtverlauf aller Touren ist auch in der herausnehmbaren Faltkarte eingetragen

Unterwegs in Tirol

Die Seiteneinteilung für den Reiseatlas finden Sie auf dem hinteren Umschlag dieses Reiseführers

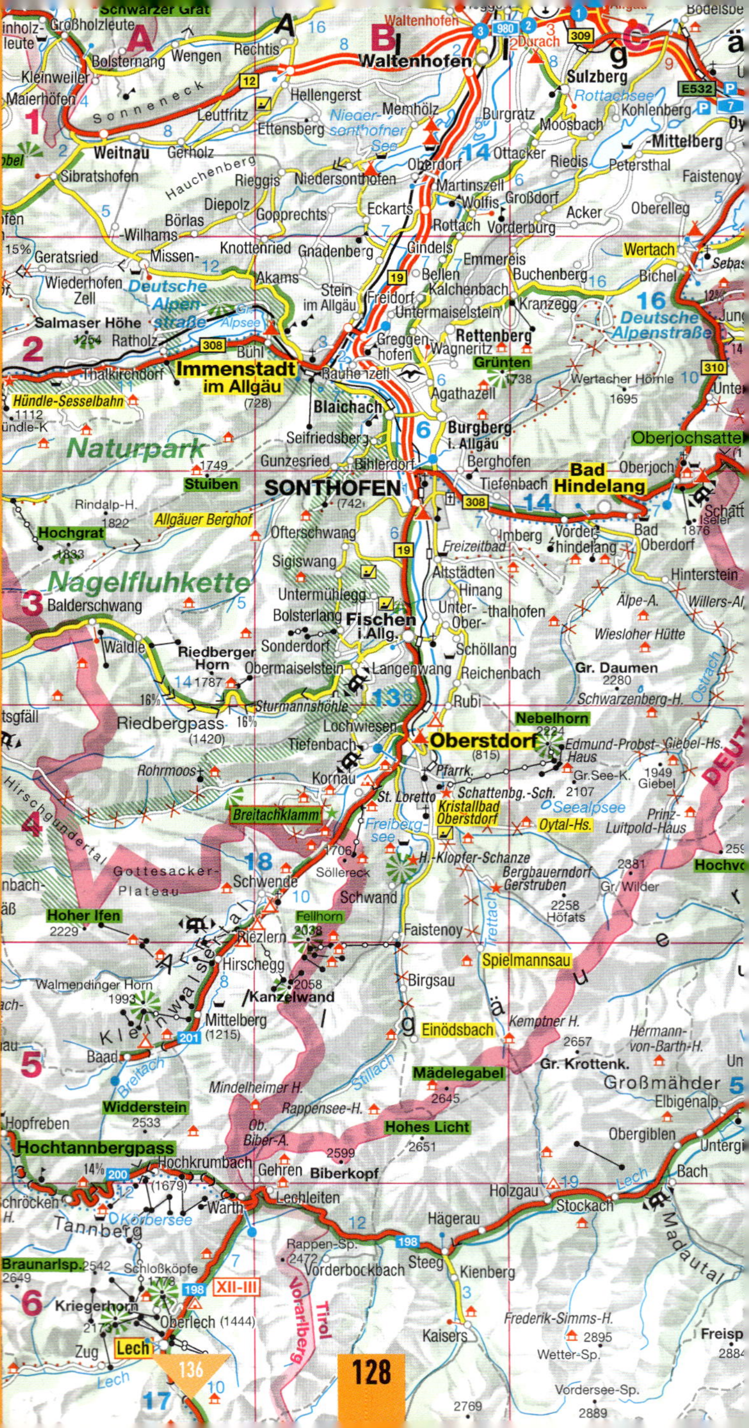
Schwarzer Grat
Großholzleute
Bolsterang
Wengen
Rechtis
Waltenhofen
Durach
Sulzberg
Rottachsee
Kohlenberg
Mittelberg
Kleinweiler
Maierhöfen
Sonneneck
Leutfritz
Hellengerst
Ettensberg
Niedersonthofner See
Memhölz
Burgratz
Moosbach
Weitnau
Gerholz
Hauchenberg
Ottacker
Riedis
Petersthal
Faistenoy
Sibratshofen
Rieggis
Niedersonthofen
Oberdorf
Martinszell
Wolfis
Großdorf
Diepolz
Eckarts
Acker
Oberelleg
Börlas
Gopprechts
Rottach
Vorderburg
Wilhams
Geratsried
Missen
Knottenried
Gradenberg
Gindels
Emmereis
Wertach
Bichel
Wiederhofen
Zell
Deutsche Alpenstraße
Akams
Stein im Allgäu
Bellen
Kalchenbach
Buchenberg
Freidorf
Untermaiselstein
Kranzegg
Deutsche Alpenstraße
Salmaser Höhe
1254
Ratholz
Großer Alpsee
Bühl
Greggenhofen
Wagneritz
Rettenberg
Grünten
1738
Thalkirchdorf
Immenstadt im Allgäu
(728)
Rauhenzell
Agathazell
Wertacher Hörnle
1695
Hündle-Sesselbahn
1112
Blaichach
Burgberg i. Allgäu
Oberjochsattel
Naturpark
Seifriedsberg
Berghofen
Gunzesried
Bihlerdorf
1749
Stuiben
SONTHOFEN
(742)
Tiefenbach
Bad Hindelang
Oberjoch
Rindalp-H.
1822
Allgäuer Berghof
Imberg
Vorderhindelang
Bad Oberdorf
Schattwald
Iseler
1876
Hochgrat
1833
Ofterschwang
Freizeitbad
Sigiswang
Altstädten
Hinterstein
Nagelfluhkette
Untermühlegg
Hinang
Balderschwang
Bolsterlang
Fischen i. Allg.
Unter-thalhofen
Ober-
Älpe-A.
Willers-Al
Wiesloher Hütte
Wäldle
Riedberger Horn
1787
Sonderdorf
Schöllang
Obermaiselstein
Langenwang
Reichenbach
Gr. Daumen
2280
Schwarzenberg-H.
Ostrach
Sturmannshöhle
Rubi
Riedbergpass
(1420)
Lochwiesen
Nebelhorn
2224
Tiefenbach
Oberstdorf
(815)
Edmund-Probst-Haus
Giebel-Hs.
Rohrmoos
Kornau
Pfarrk.
Gr.See-K.
2107
1949
Giebel
Hirschgundertal
St. Loretto
Schattenbg.-Sch.
Seealpsee
Breitachklamm
Kristallbad Oberstdorf
Freibergsee
Oytal-Hs.
Prinz-Luitpold-Haus
1706
H.-Klopfer-Schanze
2381
Gr. Wilder
Söllereck
Gottesacker-Plateau
Schwende
Schwand
Bergbauerndorf Gerstruben
2258
Höfats
Hoher Ifen
2229
Fellhorn
2038
Trettach
Riezlern
Faistenoy
Hirschegg
Spielmannsau
Walmendinger Horn
1993
2058
Birgsau
Kanzelwand
Kleinwalsertal
Mittelberg
(1215)
Einödsbach
Kemptner H.
2657
Hermann-von-Barth-H.
Baad
Gr. Krottenk.
Breitach
Großmähder
Mindelheimer H.
Stillach
Mädelegabel
2645
Elbigenalp
Widderstein
2533
Rappensee-H.
Hopfreben
Ob. Biber-A.
Hohes Licht
2651
Obergiblen
Hochtannbergpass
2599
Hochkrumbach
(1679)
Gehren
Biberkopf
Holzgau
Bach
Lech
Schröcken
Warth
Lechleiten
Stockach
Körbersee
Tannberg
Hägerau
Madautal
Rappen-Sp.
2472
Vorderbockbach
Steeg
Kienberg
Braunarlsp.
2542
2649
Schloßköpfe
1778
XII-III
Kriegerhorn
2173
Oberlech
(1444)
Vorarlberg
Tirol
Frederik-Simms-H.
2895
Zug
Lech
Kaisers
Wetter-Sp.
Freispitze
2884
136
Vordersee-Sp.
2769
2889

D
E
F
Wildberg
Schwarzenberg
Mittelberg
Klosterhof
Kirchthal
Lobach
Seeg
Rückholz
Schwaltenweiher
Bachtel
Nesselwang
Schneidbach
Attlesee
Roßhaupten
Zwieselberg
Schmutter-see
Prem
Premer Lechsee
Oberreithen
Trauchgau
Kniebis
Halbblech
Dietringen
Greith
Buching
Deutsche Alpenstraße
Enzenstetten
Ried
Oberdill
Weizern
Hertingen
Wank
Hopferau
Rieden am Forggensee
Forggensee
Hopfen am See
Eisenberg
Zell
Kappel
Ehrwang
Brunnen
Waltenhofen
Buchenberg
Bannwaldsee
Hopfensee
Eschach
Berg
Weißbach
Pfronten
Hafenegg
Weißensee
Füssen
Königl. Kristall-Therme
St. Koloman
Schönleiten-Schrofen
1703
Oberkirchen
Moos
Hohes Schloss
Horn
Schwangau
Tegelberghaus
Branderschrofen
1881
Steinach
Weißensee
Vils
Hohenschwangau
Neuschwanstein
2082
Hochplatte
Breiten-B.
1831
Aggenstein
Alpstrudelfall
Alpsee
Säuling
2047
Kotbachfall
1987
Tannheimer
Musau
Unterpinswang
Pinswang
Oberpinswang
Pflach
2060
Gr. Schlicke
Berge
Tannheimer Tal
Innergschwend
St.-Ulrichs-Kp.
Pfarrkirche
Mühl
Gimpel
2176
2240
Köllensp.
Lechaschau
Stuibenfall
Breitenwang
Am Pl
Berg
Gran
Tannheim
Haldensee
Nesselwängle
Wängle
Reutte
Bad Kreckelmoos
Kaiserbr.
1940
Höfen
Vilstal
Rauth
Ehenbichl
Gaicht
1864
Plansee
2247
Vilsalpe
Vilsalpsee
Birkental
Klause
Tauern
Landsberger Hütte
(1092)
Gaichtpass
Heiterwang
Heiterwanger See
Weißenbach am Lech
Lech
Rieden
Lailach-Sp.
2276
Thaneller
2343
Wengle
Lähn
Bichlbach
Zum hl. Joseph
Forchach
Schwarzwassertal
Schwarzhanskar-Sp.
2228
Berwang
(1338)
Rinnen
Siegel-A.
Lechtaler Alpen
Stanzach
Brand
Roter Stein
2369
2364
Gartnerwand
Namloser Tal
Knittelkar-Sp.
2378
Mitteregg
Vorderhornbach
Kelmen
Fernpass
(1216)
Blind-S.
Loreakopf
2471
Namlos
Fallerschein-alpe
2374
Seelakopf
Schl. Fernstein
Hinterhornbach
Martinau
St. Johann
Fernstein See
Elmen
2551
Wetter-Sp.
Tarrenton-Sp.
2615
Nassereith
(838)
Bschlaber Tal
Häselgehr
Elbigenalp
Licht-Sp.
2357
Taschach
Anhalter H.
Heiterwand
Gramaiser Tal
Grießau
St. Nikolaus
Boden
(1894)
Hahntennjoch
Gebratstein
Peregreith-Alpe
Wannespitze
2362
Pfafflar
Muttekopf
2777
XI-V
Altstarkenberg
Obtarrenz
Salvesenklamm
Strader See
Strad
Gramais
Muttekopf-H.
Tarrenz
Griesbach-A.
Maria Himmelf.
Tschirgant
Imst
(828)
2372
Gr. Schlenkersp.
2821
Ötztal
Roppener Tunnel 5,1km
Leiter-Sp.
2750
Gunglgrün
Karrösten
Milser Tunnel
Mils
Karres
Mairhof
2658
Oberlahms-Sp.
Mils bei Imst
Roppen
Württemberger H.
Imst-Au
Imst-Pitztal
Arzl im Pitztal
Kreuzjoch-Sp.
2672
Imsterberg
Wald
Memminger H.
Starkenbach
5 km
3.11 mi
Knoten Oberinntal
Hochasten
Oberleins

137

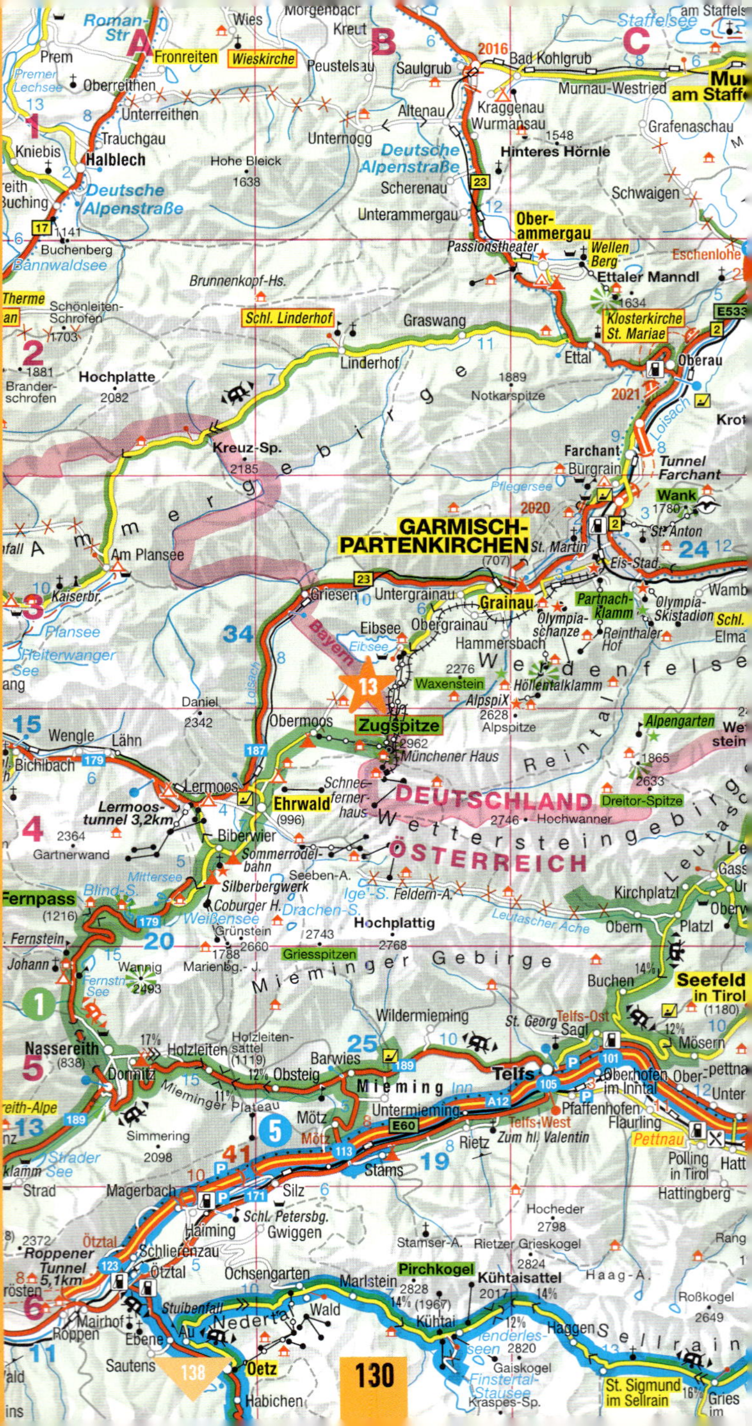

A
B
C
1
2
3
4
5
6
Roman-Str.
Wies
Wieskirche
Fronreiten
Prem
Premer Lechsee
Oberreithen
Unterreithen
Trauchgau
Kniebis
Halblech
Buching
Deutsche Alpenstraße
Hohe Bleick
1638
Peustelsau
Kreut
Saulgrub
Bad Kohlgrub
2016
Staffelsee
Murnau-Westried
Kraggenau
Wurmansau
Altenau
Unternogg
Deutsche Alpenstraße
Hinteres Hörnle
1548
Grafenaschau
Scherenau
Unterammergau
Schwaigen
Oberammergau
Passionstheater
Wellen Berg
Eschenlohe
Ettaler Manndl
1634
Buchenberg
1141
Bannwaldsee
Brunnenkopf-Hs.
Therme
Schönleiten-Schrofen
1703
1881
Brander-schrofen
Hochplatte
2082
Schl. Linderhof
Graswang
Linderhof
Klosterkirche St. Mariae
Ettal
Oberau
E533
2021
Notkarspitze
1889
Loisach
Kreuz-Sp.
2185
Ammergebirge
Farchant
Burgrain
Tunnel Farchant
Pflegersee
2020
Wank
1780
St. Anton
GARMISCH-PARTENKIRCHEN
(707)
St. Martin
Eis-Stad.
24
Am Plansee
Kaiserbr.
Plansee
Heiterwanger See
Griesen
Untergrainau
Grainau
Partnach-Klamm
Olympia-Skistadion
Olympia-schanze
Reinthaler Hof
Schl. Elmau
34
Eibsee
Obergrainau
Hammersbach
Bayern
Wettersteingebirge
Werdenfels
2276
Waxenstein
Höllentalklamm
13
AlpspiX
2628
Alpspitze
Daniel
2342
Obermoos
Zugspitze
2962
Münchener Haus
Reintal
Alpengarten
1865
2633
15
Wengle
Lähn
Bichlbach
Lermoos
Lermoos-tunnel 3,2km
Ehrwald
(996)
Schnee-ferner-haus
DEUTSCHLAND
Dreitor-Spitze
2746
Hochwanner
ÖSTERREICH
Wettersteingebirge
2364
Gartnerwand
Biberwier
Sommerrodel-bahn
Silberbergwerk
Seeben-A.
Ige-S.
Feldern-A.
Leutascher Ache
Kirchplatzl
Obern
Platzl
Mittersee
Fernpass
(1216)
Blind-S.
Coburger H.
Drachen-S.
Weißensee
Grünstein
2743
Hochplattig
2768
Fernstein
20
1788
2660
Griesspitzen
Mieminger Gebirge
Buchen
14%
Seefeld in Tirol
(1180)
Johann
Wannig
2493
Marienbg.-J.
Fernstn See
Nassereith
(838)
Holzleiten
Holzleiten-sattel
(1119)
Wildermieming
St. Georg
Telfs-Ost
Sagl
12%
Mösern
Barwies
25
Obsteig
Mieming
Telfs
Oberhofen im Inntal
Ober-pettnau
Dormitz
Mieminger Plateau
17%
11%
12%
Inn
A12
Untermieming
Pfaffenhofen
Telfs-West
Flaurling
Pettnau
Unterpettnau
Simmering
2098
Mötz
5
E60
Rietz
Zum hl. Valentin
Polling in Tirol
Hatting
Strader See
Strad
41
Stams
19
Hattingberg
Magerbach
Silz
Hocheder
2798
Haiming
Schl. Petersbg.
Gwiggen
Stamser-A.
Rietzer Grieskogel
Rangger
2372
Ötztal
Roppener Tunnel 5,1km
Schlierenzau
Ötztal
Ochsengarten
Marlstein
Pirchkogel
2828
Kühtaisattel
2017
14%
(1967)
Kühtai
2824
Haag-A.
Roßkogel
2649
Mairhof
Roppen
Ebene
Stuibenfall
Au
Nedertal
Wald
Plenderles-seen
2820
Haggen
Sellrain
Gaiskogel
Sautens
Oetz
Finstertal-Stausee
Kraspes-Sp.
St. Sigmund im Sellrain
16%
Gries im
Habichen
138

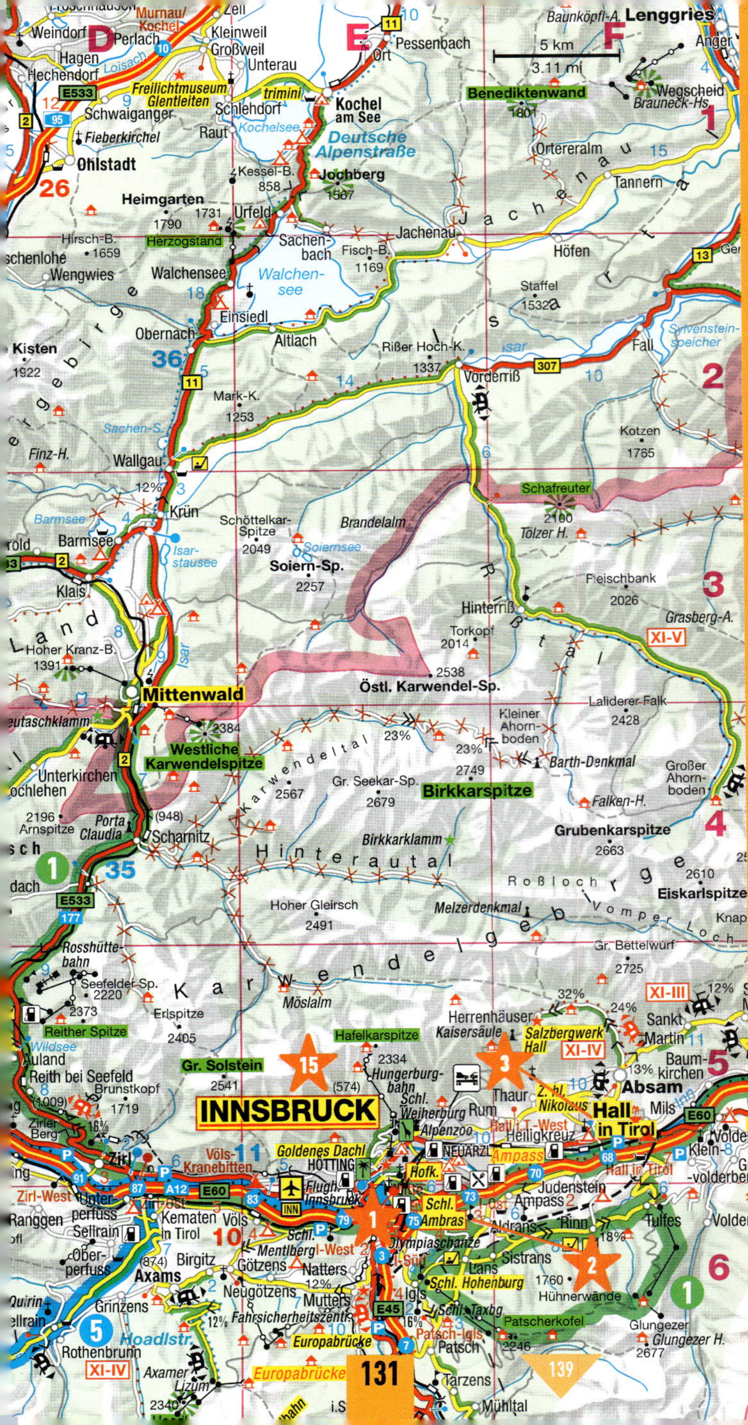
D
E
F
5 km
3.11 mi
Murnau/Kochel
Zell
Weindorf
Perlach
Kleinweil
Großweil
Unterau
Pessenbach
Ort
Baunköpfl-A.
Lenggries
Anger
Hagen
Hechendorf
Loisach
Freilichtmuseum Glentleiten
trimini
Kochel am See
Benediktenwand
Wegscheid
Brauneck-Hs.
E533
Schwaiganger
Schlehdorf
Kochelsee
Deutsche Alpenstraße
Fieberkirchel
Raut
Ohlstadt
Ortereralm
Tannern
Kessel-B.
858
Jochberg
1567
Heimgarten
1790
1731
Urfeld
Jachenau
Jachenau
Hirsch-B.
1659
Herzogstand
Sachenbach
Fisch-B.
1169
Höfen
Eschenlohe
Wengwies
Walchensee
Walchensee
Staffel
1532
Einsiedl
Altlach
Obernach
Kisten
1922
Rißer Hoch-K.
1337
Isar
Fall
Sylvenstein-speicher
Vorderriß
Mark-K.
1253
Sachen-S.
Kotzen
1765
Finz-H.
Wallgau
Schafreuter
2100
Tölzer H.
Barmsee
Krün
Schöttelkar-Spitze
2049
Brandelalm
Barmsee
Isar-stausee
Soiernsee
Soiern-Sp.
2257
Klais
Fleischbank
2026
Hinterriß
Grasberg-A.
Rißtal
Torkopf
2014
XI-V
Hoher Kranz-B.
1391
2538
Östl. Karwendel-Sp.
Mittenwald
Laliderer-Falk
2428
Kleiner Ahornboden
Leutaschklamm
2384
Westliche Karwendelspitze
23%
Karwendeltal
Barth-Denkmal
Großer Ahornboden
Unterkirchen
Gießenbach
2567
Gr. Seekar-Sp.
2679
2749
Birkkarspitze
Falken-H.
2196
Arnspitze
Porta Claudia
(948)
Scharnitz
Grubenkarspitze
2663
Birkkarklamm
Hinterautal
2610
Eiskarlspitze
Roßloch
Seefeld
E533
177
Hoher Gleirsch
2491
Melzerdenkmal
Vomper Loch
Rosshüttebahn
Gr. Bettelwürf
2725
Seefelder Sp.
2220
Karwendelgebirge
2373
Möslalm
32%
XI-III
12%
Erlspitze
2405
Herrenhäuser
Kaisersäule
Salzbergwerk Hall
24%
Sankt Martin
Reither Spitze
Wildsee
Auland
Hafelkarspitze
2334
15
3
XI-IV
13%
Baumkirchen
Gr. Solstein
2541
Hungerburgbahn
Absam
Reith bei Seefeld
Brunstkopf
1719
(574)
Schl. Weiherburg
Rum
Thaur
Z. hl. Nikolaus
Hall in Tirol
Mils
E60
INNSBRUCK
Alpenzoo
Hall i.T.-West
Heiligkreuz
Zirler Berg
16%
Zirl
Völs-Kranebitten
Goldenes Dachl
HÖTTING
Flughf. Innsbruck
Hofk.
Ampass
NEUARZL
Hall in Tirol
Zirl-West
Unterperfuss
A12
E60
Judenstein
Ampass
Volders
Ranggen
Kematen in Tirol
Völs
Schl. Ambras
Aldrans
Rinn
Tulfes
Sellrain
Oberperfuss
Mentlberg
I-West
Olympiaschanze
18%
Axams
Birgitz
Götzens
Natters
I-Süd
Lans
Sistrans
Neugötzens
Mutters
Igls
Schl. Hohenburg
Hühnerwände
1760
Grinzens
Fahrsicherheitszentr.
E45
16%
Schl. Taxbg.
Patscherkofel
Glungezer
2677
Glungezer H.
Hoadlstr.
Rothenbrunn
Europabrücke
Patsch-Igls
Patsch
2246
XI-IV
Axamer Lizum
Europabrücke
Tarzens
139
2340
Mühltal

A
B
C
1
2
3
4
5
6
Lenggries
„Isarwelle"
Anger
Hohenburg
Mühlbach
Wegscheid
Brauneck-Hs.
Almbach
Fleck
Klaffenbach
Hohenwiesen
Glashütte
Gerstenrieder Kopf
1420
Achenpass
(941)
Sylvenstein-speicher
Achenbach
Rottach-Egern
Scharling
Hirsch-B.
1668
Brunnbichl
Kreuth
Roßstein
1698
Deutsche Alpenstraße
Wildbad-Kreuth
Klammbachfall
Mangfall
Brecher-Sp.
1684
Enterrottach
Wallberg
1722
Rottachfall
(1128)
Spitzing
Spitzingsee
Risser-Kogel
1826
Valepp
Rothkogel
1687
1808
Schinder
Bayern
Tirol
DEUTSCHLAND
ÖSTERREICH
Halserspitz
1863
Guffert-H.
Erzherz. Johann
Klammbach-A.
Juifen
1988
Achental
Leiten
Guffertspitze
2195
Großzemm-A.
Achenkirch
Wildgehege
Pinegg
Aschau
2078
Vorderunnutz
Achensee
Steinberg am Rofan
2022
Schrecken-Sp.
Brandenberg
Schrahnbach-A.
Achensee-straße
Bergsteinersee
Freilichtmus.
Mosen
Kot A.
Rofangebirge
Roßkogel
1940
Reintaler-See
Mondschein-Sp.
Grasberg-A.
2106
Seeberg-Sp.
2085
Achensee
32
2299
Hochiss
2260
Rofanspitze
Mariatal
Kramsach
Voldöpp
Gernalm
XI-V
XI-IV
XI-III
Pertisau
Buchau
Erfurter Hütte
Häusern
Asten
Ratte
Brixlegg
Reith im Alpbach
Falk
2287
Bettlerkar-Sp.
1483
Zwölfer-K.
Achenseebahn
Maurach
Münster
Achensee-Zillertal
Wiesing
Großer Ahorn-boden
Rappen-Sp.
2224
20%
Eben
Stanser J.
am Achensee
St. Gertraudi
Kropfsberg
Strass im Zillertal
Bruck am Ziller
Hygna
2102
Jenbach
Schl. Tratzberg
Lamsen-Sp.
St. Georgenberg
Rotholz
Rottenburg
Maurach
Zillertalbahn
2508
2610
Eiskarlspitze
Hochnißl
2546
Stallenwald
Stans
Schwaz
Buch in Tirol
Gallzein
Imming
Schlitters
Knappen-W.
Fiecht
Benedikt.-Stift
Vomperberg
Vomper Loch
Fügenberg
Gagering
2127
Wiederberg
Schwaz
Arzjoch
Gnadenwald
Schl. Sigmundslust
Vomp
Schl. Freundsberg
Arzjoch-Kp.
1711
Fügen
Hart i. Zillertal
12%
Sankt Michael
Vomper-bach
Silber-schaubergwerk
Kaunzalm
Terfens
Arzberg
Hl. Kreuz
Keller-J.
2344
Kapfing
Uderns
Sankt Martin
Weer
Pill
Außerknapp
Außerweerberg
Fritzens
Weerberg
Mitterweerberg
Gartalm
Ried im Zillertal
März
Stumm
Kolsass
Weer
Rettenbg.
Wattens
Schl. Aschach
Volders
Wattenberg
Kolsassberg
Kaltenbach
Klein-volderberg
Groß-volderberg
Vögelsberg
2506
Hochfügen
Gilfert
Hochalpe
Aschau im Zillertal
Volderwildbad
Rote Wand
2220
March-K.
2500
Zellberg
Zell am Ziller
2214
Largoz
Rohrberg
2127
Weidener H.
Sidan-J.
(1812)
Rauhen-K.
2268
Laimach
Mta. Ras.
Hainzenberg
5 km
3.11 mi
2725
Hirzer
Hobar-J.
2762
Zillertaler Höhenstraße
Hippach
Ramsau im Zillertal
140
2643
2512
Hippold-Sp.
Schwendberg
2278
Schwendau
Hollenzen

Osterhofen
Bayrischzell
Dt. Alpenstr.
Grafenherberg
Tatzelwurm
Regau
Niederaudorf
Wall
Buchau
Brünnstein
Oberaudorf
Erl
Passionstheater
Niedern-dorferberg
Wildbichl
Sachrang
Baumgarten-A.
Retten-schöss
Moor-landsch. Schwemm
Sommer-rodelbahn
Niederndorf
Primau
Schl. Wagrain
Ebbs
St. Nikolaus
Durchholzen
Wildgrub
Wachtl-bahn
Bäckeralpe
Trainsjoch
Ursprungpass
Kiefersfelden
Hechtsee
Oberndorf
Inntal
Zahmer Kaiser
Pyramiden-Sp.
Vorder-thiersee
Ascherdörfl
Hinterthiersee
Thiersee
Zell
Kufstein-Nord
Kufstein
Kaisertal
Kaisertal-H.
Festung Geroldseck
Kaiserlift
Pendling
Veitsberg
Riedenberg
Unterlang-kampfen
Langkampfen
Kufstein-Süd
Egerbach
Wilder Kaiser
Ellmauer Halt
Scheffau
Eishöhle
Nieder-breitenbach
Schwoich
Hintersteiner S.
Scheffau a. Wilden Kaiser
Schlossmus.
Mariastein
Kirchbichl
Blaiken
Stockach
Söll
Söll and
Ellmau
am Wilden Kaiser
Heuberg
Schönau
Angath
Anger-berg
Bad Häring
Francisbad
Bruggermühl
Ramsau
Kleinsöll
Wörgl-Ost
Wörgl-W
Wörgl
Schwendterdörfl
Hartkaiserbahn
Keat-A.
Hohe Salve
Liesfeld
Lahnthal
Kundl
Itter
Hopfgarten im Brixental
Brixen im Thale
Bockern
Sankt Leonhard
Saulueg
Zauberwinkl
Kundler Klamm
Niederau
Oberau
Bergbauernmus.
Penning
Haslau
Feichten
Hof
Kirchberg in Tirol
Westendorf
Markbachjoch
Mühltal
Wildschönau
Thierbach
Asten
Hörbrunn
Holzham
Windam
Gampen-Kg.
Spertental
Alpbach
Auffach
Bauern-hofmus.
Schwarzenau
Schatzberg
Inneralpbach
Kelchsau
Rettenbach
Brechhorn-Hs.
Gründau
Feldalpenhorn
Brechhorn
Aschau
Jägerhäusel
Schönangeralm
Breitegg
Lodron
Steinberghaus
Falkenstein
Gr. Beil
Moderstock
Kar-A.
Gr. Galtenberg
Gr. Rettenstein
Kl. Rettenstein
Wegscheid
Trattenbach-A.
Erla Brennhütte
Kitzbüheler Alpen
Baumgarten-A.
Gmünder H.
Martl-Erlau
Neue Bamberger H.
Kröndl-H.
Regenfeldjoch
Fromm-A.
Salzachgeier
Markkirchel
Steinkogel
Frühmesser
Wildkogel
Trattenbach A.
Katzenkopf
Tirol
Salzburg
Salzach
Wildkogel-Hs.
Kastenwenden-K.
Gernkogel
Neukirchen am Großvenediger
Hohenbramberg
Königsleiten
Krimml-A.
Rosenthal
Pinzgauer Lokalbahn
Kreuzjoch
Gerlos-pass
Sulzau
Wald im Pinzgau
Bergfried
Sulzbachfall
Gerlostal
Krimml
Platten-Kg.
Gerlosstraße
Gmünd
Gerlos
Wildgerlostal
Speicher Durlaßboden
Krimmler Wasserfälle
Kraut-garten
Untersulzbachtal
Breitfuß
Speicher Gmünd
Weißbach-A.
Wimmertal-A.
Trissel-A.
Krimmler Achental
Hütteltal-K.
Seebachfall

141

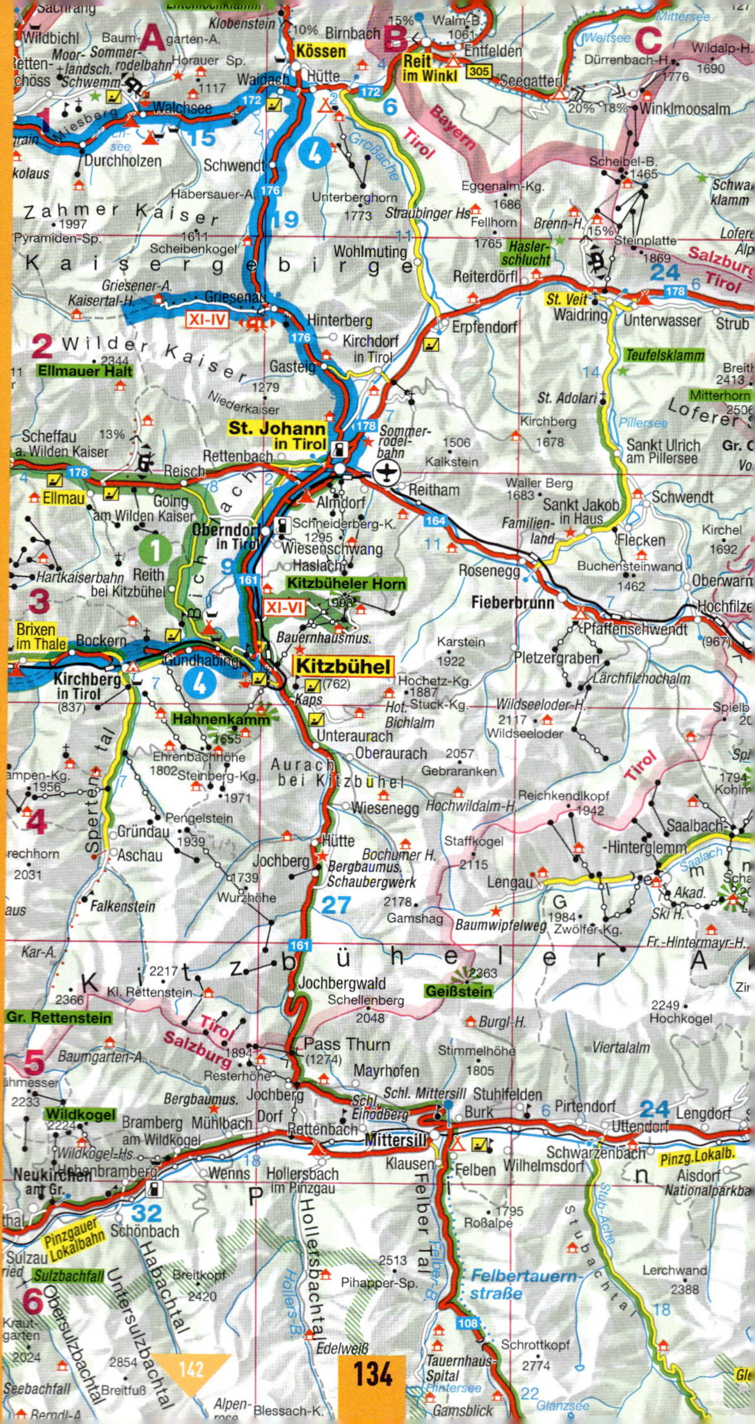

Klobenstein
Birnbach
Kössen
Walm-B.
Entfelden
Reit im Winkl
Seegatterl
Dürrenbach-H.
Wildalp-H.
Winklmoosalm
Bayern
Tirol
Wildbichl
Baum-garten-A.
Moor- + landsch. Schwemm
Sommer-rodelbahn
Horauer Sp.
Waidach
Hütte
Walchsee
Durchholzen
Schwendt
Großache
Unterberghorn
Habersauer-A.
Zahmer Kaiser
Pyramiden-Sp.
Scheibenkogel
Straubinger Hs
Eggenalm-Kg.
Fellhorn
Brenn-H.
Scheibel-B.
Steinplatte
Hasler-schlucht
Wohlmuting
Kaisergebirge
Reiterdörfl
St. Veit
Waidring
Unterwasser
Strub
Salzburg
Griesener-A.
Kaisertal-H.
Griesenau
XI-IV
Hinterberg
Kirchdorf in Tirol
Erpfendorf
Wilder Kaiser
Ellmauer Halt
Gasteig
Niederkaiser
Teufelsklamm
St. Adolari
Pillersee
Loferer
Mitterhorn
Kirchberg
St. Johann in Tirol
Sommer-rodel-bahn
Kalkstein
Scheffau a. Wilden Kaiser
Rettenbach
Sankt Ulrich am Pillersee
Reisch
Ellmau
Going am Wilden Kaiser
Almdorf
Reitham
Waller Berg
Sankt Jakob in Haus
Schwendt
Oberndorf in Tirol
Schneiderberg-K.
Wiesenschwang
Haslach
Familien-land
Flecken
Kirchel
Hartkaiserbahn
Reith bei Kitzbühel
Bichlach
Kitzbüheler Horn
Rosenegg
Buchensteinwand
Fieberbrunn
Oberwarn
Hochfilzen
Pfaffenschwendt
Brixen im Thale
Bockern
XI-VI
Bauernhausmus.
Karstein
Pletzergraben
Lärchfilzhochalm
Gundhabing
Kitzbühel
Kirchberg in Tirol
Hochetz-Kg.
Kaps
Hot. Bichlalm
Stuck-Kg.
Wildseeloder-H.
Wildseeloder
Spielb
Hahnenkamm
Unteraurach
Oberaurach
Gebraranken
Ehrenbachhöhe
Steinberg-K.
Aurach bei Kitzbühel
Spertental
Pengelstein
Wiesenegg
Hochwildalm-H.
Reichkendlkopf
Saalbach-Hinterglemm
Gründau
Aschau
Hütte
Jochberg
Bergbaumus. Schaubergwerk
Bochumer H.
Staffkogel
Lengau
Saalach
Akad.
Ski H.
Falkenstein
Wurzhöhe
Gamshag
Baumwipfelweg
Zwölfer-Kg.
Fr.-Hintermayr-H.
Kar-A.
Kitzbüheler Alpen
Kl. Rettenstein
Jochbergwald
Schellenberg
Geißstein
Hochkogel
Gr. Rettenstein
Burgl-H.
Viertalalm
Salzburg
Tirol
Baumgarten-A.
Pass Thurn
Stimmelhöhe
Mayrhofen
Resterhöhe
Bergbaumus.
Jochberg
Schl. Einödberg
Schl. Mittersill
Stuhlfelden
Burk
Pirtendorf
Lengdorf
Uttendorf
Wildkogel
Bramberg am Wildkogel
Mühlbach
Dorf
Rettenbach
Mittersill
Schwarzenbach
Wildkogel-Hs.
Habenbramberg
Neukirchen am Gr.
Wenns
Hollersbach im Pinzgau
Klausen
Felben
Wilhelmsdorf
Pinzg. Lokalb.
Aisdorf
Nationalparkba
Roßalpe
Stubachtal
Stub-Ache
Pinzgauer Lokalbahn
Schönbach
Habachtal
Hollersbachtal
Felber Tal
Felber-B.
Felbertauern-straße
Lerchwand
Sulzau
Sulzbachfall
Untersulzbachtal
Obersulzbachtal
Breitkopf
Hollers-B.
Pihapper-Sp.
Kraut-garten
Edelweiß
Schrottkopf
Tauernhaus-Spital
Hintersee
Seebachfall
Breitfuß
Alpen-rose
Blessach-K.
Gamsblick
Glanzsee
Berndl-A.
142

D
E
F
Sonntagshorn
1961
Melleck
Unterjettenberg
Oberjettenberg
Lattengebirge
Winkl
Vorderettenberg
Barock-kirche
Almbachklamm
Niederland
Unken
Steinpass
Deutsche Alpenstraße
Berchtesgaden
Bischofswiesen
Schwarzbach-wachtsattel
Maria Gern
Unt.-Salzberg
Salzberg
Schreck-sattel-Eis-höhle
Wartsteinkopf
1758
Unkenberg
Innersbach-klamm
Drei Brüder
1864
Deutsche Ferienroute Alpen-Ostsee
Schwarzeck
Engedey
Strub
Berchtesgaden
Therme Watzmann
Schönau am Königssee
Oberschönau
Unterschönau
Reit
Reiter Alpe
Antonius-Kp.
Maurach
Au
Hintersee
Ramsau bei Berchtesgaden
Wallfahrtsk.
Wimbach-klamm
Grünstein-Haus
Königssee
Dürr-eckstr.
Lofer
Grubhof
(656)
Stadelhorn
2286
Steinberghöhle
Blaueis-H.
2608
Wimbach-schloss
Hochkalter
Kl. Watzmann
2307
Malerwinkel
Jenner
1871
2340
Sankt Martin bei Lofer
Pass Luftenstein
Nationalpark
Watzmann
Königssee
Wallfahrtsk. Maria Kirchental
Mittel-Spitze
2713
Hocheis-Sp.
2523
Hintertal
Eiskapelle
St. Bartholomä
Gotzentalalm
Lindwurmhöhe
Wimbachgries-H.
Schultes Gedenkstein
2350
Kahlersberg
Seisenbergklamm
Saaleck
Lamprechtsofenloch
Weißbach bei Lofer
Bärenloch
Hundstod
2593
Obersee
Fischunkelalm
DEUTSCHLAND
ÖSTERREICH
Dießbach-Stausee
Berchtesgaden
Gr. Rothorn
2405
Diesbach
Brandlhof
Kärlinger H.
Totes Weib
Schindl K.
2357
Funtensee
2578
Funtensee-Tauern
Gr. Teufelshorn
2361
Fahrsicher-heitszentrum
Birnhorn
2486
2634
Drei Zinthörner
Passauer H.
Peter-Wiechenthaler-H.
Alpriedlhorn
2351
Leoganger
Stein-berge
Salzburger
Steinernes Meer
Schönfeld-Spitze
2651
2504
Breithorn
Bergbau-mus.
Euring
Lenzing
Wiesing
Einsiedelei
Schl. Lichtenberg
2642
Selbhorn
2610
Brandhorn
Hütten
Rain
Leogang
Saalfelden am Steinernen Meer
Kalkalpen
Hochseiler
2793
Schaubergwerk
Schultersbach-höhe
1473
Permanseck
Kehlbach
Krippenmus.
Ramseiden
Hinterthal
(1291)
Filzen-sattel
Schönleiten-H.
1910
Asitz-H.
Sommerrodel-bahn
Maria Alm am Steinernen Meer
Almdorf
Weikersbach
Bsuch
Dientner Sattel
Dienten am Hochkönig
Sausteigen
1912
Lahntal
Gerling
Hintermoos
Igelsberg
Viehhofen
Kirchham
Mitterhofen
Schl. Kammer
Schwalbenwand
2011
Eder-H.
Grund-A.
Maishofen
Sonnkogel
1856
Oberreit
Langegg
1899
Hochkasern
2015
Schmittenhöhe
1965
Dientener Berge
Thumersbach
2117
Hundstein
Zell am See
(757)
Pinzgauer H.
Zeller See
Ziegel-H.
Hahneck-Kg.
1857
Gschwandtner B.
1612
Hundsdorf
Erlbruck
(755)
Schüttdorf
Bruck a. d. Großglocknerstr.
Taxenbach
Lend
Walchen
Piesendorf
Fürth
Gries
Salzach
Hundsdorf
Sankt Georgen
Kitzloch-Klamm
Embach
Wallner-Kp.
1810
Rauchköge
Hummersdorf
Sigm.-Thun-Klamm
Kaprun
Pichl
Maiskogel
1675
1444
Rettenbach-K.
Platt-K.
1821
Glocknerblick
Großglockner-Hochalpenstraße
Teufelslöcher
Drei Brüder
2264
5 km
3.11 mi
2325
Bernkogel
2453
Hohe Arche
2470
Imbachhorn
Gleiwitzer H.
2260
Achenkopf
Hirsch-K.
2252
Fuscher Ache
Rauriser Ache
Rauris
(949)
Fusch an der Großglocknerstr.
Reißrachkopf
2211
Rauriser Tal
Kapruner Tal
2644
Kesselfall Alpenhaus
Limberg-Sperre
Stausee Wasserfallboden
Bärenschlucht
Breiteben-K.
2236
143
Wörth
Kram-Kg.
2454
Hoher Tenn
Kitzsteinhorn
3203
2
3
4
5
6
18
24
26
36
10
20
4

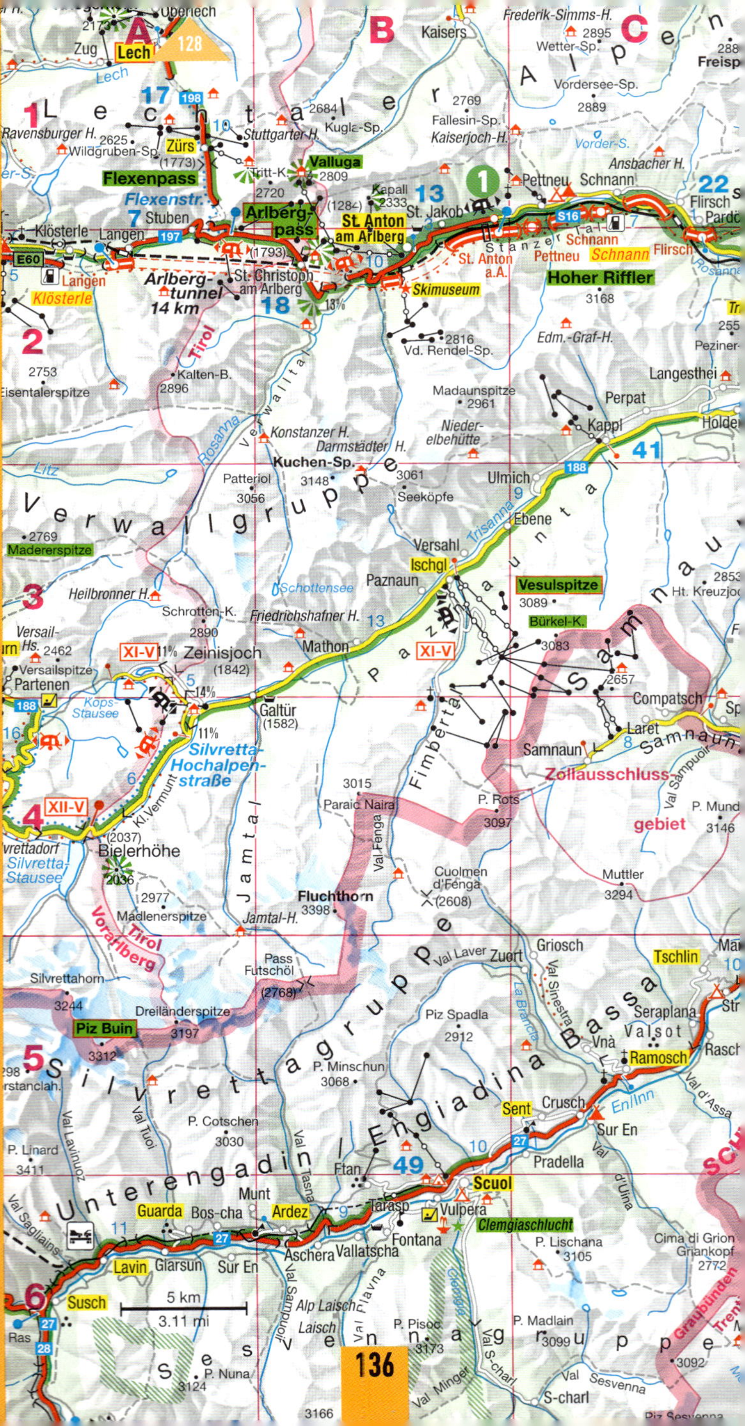

A
B
C
1
2
3
4
5
6
128
Lech
Zug
Oberlech
Lechtaler Alpen
Kaisers
Frederik-Simms-H.
2895
Wetter-Sp.
Vordersee-Sp.
2889
Freisp
2684
Kugla-Sp.
2769
Fallesin-Sp.
Kaiserjoch-H.
Vorder-S.
Ansbacher H.
Ravensburger H.
2625
Wildgruben-Sp.
Stuttgarter H.
Zürs
(1773)
198
17
Flexenpass
Flexenstr.
Tritt-K.
Valluga
2809
2720
Kapall
2333
(1284)
13
St. Jakob
Pettneu
Schnann
22
Flirsch
Pardö
7 Stuben
Klösterle
Langen
197
E60
Arlbergpass
(1793)
St. Anton am Arlberg
S16
Stanzertal
Schnann
Pettneu
Schnann
Flirsch
St. Anton a.A.
Rosanna
Langen
Klösterle
Arlbergtunnel 14 km
St. Christoph am Arlberg
18
13%
Skimuseum
Hoher Riffler
3168
Edm.-Graf-H.
2816
Vd. Rendel-Sp.
255
Peziner-
Langesthei
Tirol
2753
Eisentalerspitze
Kalten-B.
2896
Verwalltal
Madaunspitze
2961
Perpat
Kappl
Holde
Rosanna
Konstanzer H.
Darmstädter H.
Niederelbehütte
41
188
Litz
Kuchen-Sp.
3148
3061
Seeköpfe
Ulmich
Patteriol
3056
Verwallgruppe
Trisanna
Ebene
2769
Madererspitze
Versahl
Ischgl
Paznaun
Paznauntal
Vesulspitze
3089
Samnaun
2853
Ht. Kreuzjoch
Heilbronner H.
Schottensee
Schrotten-K.
2890
Friedrichshafner H.
13
Bürkel-K.
3083
Versail-Hs.
2462
Versailspitze
Partenen
XI-V
11%
Zeinisjoch
(1842)
Mathon
XI-V
2657
Compatsch
188
Kops-Stausee
14%
Galtür
(1582)
Fimbertal
Laret
8
Samnaun
11%
Silvretta-Hochalpenstraße
Samnaun
Zollausschlussgebiet
Val Sampuoir
Kl. Vermunt
3015
Paraic Naira
P. Rots
3097
P. Mund
3146
XII-V
(2037)
Bielerhöhe
Silvrettadorf
Silvretta-Stausee
Jamtal
Val Fenga
Cuolmen d'Fenga
(2608)
Muttler
3294
2036
2977
Madlenerspitze
Fluchthorn
3398
Jamtal-H.
Vorarlberg
Tirol
Pass Futschöl
(2768)
Val Laver
Zuort
Griosch
Tschlin
Silvrettahorn
3244
Dreiländerspitze
3197
Piz Buin
3312
Val Sinestra
La Brancla
Piz Spadla
2912
Seraplana
Valsot
Vnà
Ramosch
Rasch
Silvrettagruppe
Engiadina Bassa
P. Minschun
3068
Sent
Crusch
En/Inn
Val d'Assa
Sur En
Val Lavinuoz
Val Tuoi
P. Cotschen
3030
27
Pradella
Val d'Uina
P. Linard
3411
Val Tasna
Ftan
49
10
Scuol
Unterengadin
Munt
Guarda
Bos-cha
Ardez
Tarasp
Vulpera
Clemgiaschlucht
Val Sagliains
11
27
Aschera
Vallatscha
Fontana
P. Lischana
3105
Cima di Grion
Griankopf
2772
Lavin
Giarsun
Sur En
Val Sampuoir
Alp Laisch
Val Plavna
Susch
5 km
3.11 mi
Laisch
P. Pisoc
3173
P. Madlain
3099
Graubünden
Ras
27
28
Sesvennagruppe
P. Nuna
3124
Val S-charl
Val Minger
Val Sesvenna
S-charl
3092
3166

D
E
F
1
2
3
4
5
6
14
11
129
Milser Tunnel
Mils
Mils bei Imst
Karres
Mairhof
Roppen
Imst
Imst-Pitztal
Schönwies
Starkenbach
Saurs
Imsterberg
Wald
Württemberger H.
Kreuzjoch-Sp.
2672
2658
2750
Oberlahms-Sp.
Knoten Oberinntal
Zams
Falterschein
Hochasten
Oberleins
Unterleins
Wenns
Larchach
Schroffenstein
Stanz bei Landeck
Grins
Perjen
Glanderspitz
2513
Krah-B.
Venet
Jerzens
Hochzeiger
2582
Wildgrat
2974
Erlanger
5851 m
Pians
E60
Landeck
Landecker Tunnel
6955 m
Landeck-W./Grins
Bidenegg
Piller
12%
Stein
Graslehn
Ritzenried
Tobadill
Fließ
Alter Zoll
18%
Straßberger Alm
Wiese
Zaunhof
Giggl
Hochgallmigg
Fassern
Pitztal
Scheibrand
Frödenegg
Schaller
Köpfle
2836
Kaunerberg
Obwals
Grimstein
Maria Himmelfahrt
Entbruck
Faggen
Plazöll-A.
Ladis
Schloss Laudegg
Prutz
Kauns
14%
Langetsberg-A.
Fiss
Fendels
Kaunertaler Gletscher-panorama-str.
Rofele-Wand
3354
Komperdellalpe
Ried im Oberinntal
Vergötschen
Furglerjoch
2748
(1427)
Serfaus
Maria Himmelfahrt
Steinbrücken
Sankt Christina
2704
Roter Schrofen
Kauner-Feichten
Kaunertal
Tösens
Grasse
Verpeilspitze
3425
Matonberg
2178
Kuppa-A.
3533
Kaunergrat-H.
Watzespitze
Lafairs
XI-V
Faggentb.
Birkach
Pfroselkopf
3148
Am See
Kobl
Stuben
Pfunds
Glockturmkamm
13%
Riffel-S.
Sperrenhaus
Greit
Hochjoch
2897
Vord. Rauth
Kajetansbrücke
Gepatsch-Speicher
Taschach-A.
Finstermünz
Radurschltal
Bliggsp.
3454
Kaunertaler Gletscher-panoramastr.
Naturpark
Taschachhaus
Gepatschhaus
(1394)
Nauders
Hohenzollernhaus
Glockturm
3353
Ötztaler Alpen
Hochvernagtsp.
3539
Wildsp.
3768
Hennesiglsp.
3141
Kaunergrat
Nauderer Skihütte
ÖSTERREICH
3144
Rauhekopfhütte
Gr. Vernagtfr.
Gr. Schafkopf
2999
Fluchtkogel
Weißseeferner
Vernagthütte
2912
ITALIA
3497
Lat
Gepatschferner
Brandenburger Haus
Weißseespitze
(1504)
P.so di Resia
Reschenpass
Resia Reschen
(1497)
Hinterkirch
Pazzin Patzin
Karlinb.
Melag
P.Lago Bianco
3526
Rifugio Pio XI
Weißkugel-H.
Weißkamm
Fror
Arlund
Caprone Kapron
Langtauferertal
Valle Lunga
Maseben
Melager A.
M.ga di Melag
2544
3486
Hintereisspitze
Pedros
Giern
Curon Venosta
Graun im Vinschgau
Perwarg
3068
Am Tiergarten
3200
Palla Bianca
Weißkugel
3739
Spinn
Endkopf
2652
St. Wendelin
Falbanairspitze
Rif. Bellavista
2842
Kreuzferner
Fineilsp.
Schöne Aussicht
C.ma Undici
Elferspitze
L. di Resia
Reschensee
2925
Alpe di Muta
Haider A.
S.Valentino alla Muta
St.Valentin auf der Haide
P.ta di Valbella
Valvelspitze
3359
Schwemserspitze
3456
3251
2853
L. d. Muta
Haider See
Monteplair
Dörfl
Schnalser Bach
Maso Corto
Kurzras
46
Piavenna
Plaven
Pizzo Portles
Portles Spitze
Kutt-H.
3435
Punta Saldur
Saldurspitze
Vernagt-stausee
M.Vatles
Wattles
2557
Alsago
Alsack
Planol
Planeil
Punib
Planeiltal
2851
Adige/Etsch
Glieshöfe
L. di Vernago

Stuibenfall
Wald
Mairhof
Ebene
Roppen
Nedertal
A
B
C
130
Kühtai
Haggen
Sellrain
Sautens
Oetz
Piburg
Habichen
Finstertal-Stausee
Gaiskogel
2820
St. Sigmund im Sellrain
Gries im Sellrain
Kraspes-Sp.
2953
Juifenau
Hochreichkopf
3010
Tumpen
Ostermuhre
Gubener H. Alm
Neue Praxmar-A.
Pforzheimer H.
186
Wildgrat
Erlanger H.
2582
2974
Umhausen
Stuibenfall
Zischgeles-Sp.
3005
Lüsens
(1639)
Lisental
Ritzenried
Niederthai
Köfels
3080
Feiler
Zaunhof
Westfalen-H.
Hohe Villerspitze
5
Breiter
3287
Grieskogel
Lüsenser-Ferner-Kg.
3299
Frischmann-H.
Scheibrand
Au
Unterried
Dorf
Lehn
Winnebachsee-H.
Franz-Senn-H.
Unterlängenfeld
16%
Ht. Brunnen-Kg.
Alpein
Oberried
Dreifaltigkeitsk.
Oberlängenfeld
Längenfeld
Gries
3325
Sulztal
Sankt Leonhard im Pitztal
Hauer-S.
Luibiskogel
3112
2815
Gamskogel
Astlehen
Huben
Schrankogel
3496
3473
Ruderhofspitze
Stillebach
Amberger H.
Rofele-Wand
3354
Ötztaler Ache
17
Neurur
Trenkwald
Verpeilspitze
3425
Hohe Geige
3395
Vordere Pollesalm
Dresdner Hütte
1728
Kaunergrat-H.
Watzespitze
186
Grieskogel
2911
Windacher Daunkogel
3351
Plangeroß
Hochsölden
Kaisers
Schaufel-Sp.
3333
Ötztaler Gletscherstr.
Hochstubai-H.
Fiegl-H.
Riffel-S.
19%
Sölden
(1362)
Zuckerhütl
Mittelberg
(1736)
13%
Hildesheimer H.
3507
Taschach-A.
XII-IV
3467
Sonklarspitze
(3035)
Stollenbahn Pitztal
14
Gaislacher-Kg.
3056
Zwieselstein
Siegerlandhütte
3162
Mittagskogel
3141
4
Braunschweiger Hütte
Timmelstal
P.so d.Rombo Timmelsjoch
(2509)
Naturpark
Taschachhaus
Mittelberg-Ferner
Heiligkreuz
Hochgurgl
Kaunergrat
Seiten
Belpratto Schönau
Ötztaler
Venter Tal
Winterstall
Angern
X-V
3407
Weißer Kogl
10%
3082
Wildspitze
Wurmkogl
44bis
3768
Obergurgl
Gurgler Tal
Corvara in Passiria
Breslauer Hütte
Gr. Vernagtf.
ÖSTERREICH
ITALIA
Vernagthütte
Rofen
Vent
Hohe Mut
Seewerbach
M.Drone Draunsberg
Rofenache
Rofental
3549
Schönwieshütte
2669
Kesselwand
5
Ramolkogel
M.dei Granati
2776
Moso in Passiria
Moos i.P.
Alpen
Langtaleregghütte
3304
Granatenkogl
Rauhes J.
2926
Kreuzsp.
Ramolhaus
3457
Niedertal
Rotmoosache
Seeverspitze
3287
Val di Plan
Pfelderer Tal
Hochwildehaus
Gurgler-Ferner
C.ma d.Anime
Htr.Seelenkogl
Martin-Busch-Hütte
Langtaler Ferner
3470
Rif di Plan
H.Planferner
Kreuzferner
Schalfkogel
3537
Schalf-Ferner
Plan Pfelders
Kresbühl
Bellavista
Ötzi-Fundstelle
Marzellfr.
1628
2842
Fineilsp.
Schöne Aussicht
Zepbichl
3528
Hintere Schwärze
Lazins
La Clava
3624
Hohe Wilde
3480
Kolben-Sp.
3251
3019
Similaun
Rif.Petrarca
Similaun-H.
3606
Cime Nere
Masogelato
l'Altissima
Eisjöchelhütte
6
Mitterkaser
Eishof
5 km
3.11 mi
Parco del
Gruppo di Tessa
2071
C.ma Fiammante
Lodnerspitze
Falser-A.
3228
2805
Vernagt-stausee
Vernago
Vernagt
Casera di fuori
Vorderkaser
C.ma Nera
Schwarzkopf
Lodner-H.
Rif. C.ma Fiammante
Bocker-H.
Madonna di Senales
Unserfrau in Schnals
Senales
L. di Vernago
Rötelspitze
2625
2998
Longfallhof

131

D
E
F
1
2
3
4
5
6
Grinzens
Sellrain
Rothenbrunn
XI-IV
Axamer Lizum
Hoadl
Hoadlstr.
Fahrsicherheitszentr.
Europabrücke
Kreith
Schönberg i.Stubaital
Patsch-Igls
Patsch
Schl. Taxbg.
Glungezer
Glungezer H.
2677
2246
Tarzens
Mühltal
Ellbögen
Sonnen
Rauher Kamm
2654
Fritzen-A.
Schranzbg.-H.
Kemater A.
Kalkkögel
Stubaitalbahn
Luimes
Telfes i.Stubai
Stubaital
Mieders
Schmiedemus.
Fulpmes
(937)
183
34
A13
Matrei
Pfons
Mühlbach
Navis
Potsdamer H.
Medraz
Maria Waldrast
2718
Schl. Arnholz
Matrei am Brenner
Hoher Burgstall
Starkenburger H.
2613
Kampl
Serles
Matrei-Steinach
Navis-B.
Bärenbad
Neder
Stubai
Aufenstein
St. Georg
Neustift im Stubaital
(993)
2728
Kessel-Sp.
Blaser
2241
182
36
Brennerbasistunnel in Planung
Schafseiten-Sp.
2602
Milders
Elfer-Sp.
2499
Trins
Steinach am Brenner
Schr
Entwass
Krößbach
2549
Zwölfer-Sp.
Pinnis
2840
Schloss Schneeberg
Stafflach
Sankt Jodok a. Brenner
Volderau
Kirchdach-Sp.
Nößlach-J.
Nößlach
2231
Vals
Innsbrucker H.
Pfarrkirche
Unterbergtal
Falbeson
Habicht
3277
Gschnitz
Sankt Magdalena
Gries
Gries am Brenner
Touristenra
Ranalt
Untertal
Obertal
Gschnitztal
Röten-Sp.
2481
Vinaders
E45
Vennspitze
2390
Brennersee
Mair-Sp.
2781
Äuß. Wetter-Sp.
3070
Obernberg am Brenner
Brenner
Tribulaun-H.
(1375)
Brennerpass
P.so del Brenner
Kreuzjoch
2243
Bremer H.
Pflerscher Tribulaun
3096
2379
Tribulaun-H.
Nürnberger H.
Östl. Feuerstein
3268
3016
Rif.Cremona
Magdeburger-H.
Obernberger See
Brennero Brenner
Terme di Brennero
Brennerbad
Brennero/Brenner
M.ga Zirago
Zirogalm
Caminata
Kematen
Grübelferner
Pflerschbach
Fleres
Pflersch
Grubenkopf
2337
Müller-H.
Val di Fleres
Annichen
Ponticolo/Brenner Ort
1441
Rif.Gallina
Saletto
Wieden
Pfitscher
Rif.Biasi
Becher H.
Monte Alto
Hocheck
2865
Pflerschtal
A22
Riederberg-A.
Hühner spiel
1308
Capro
Botzer
3260
Ridnaunbach
C.ma di Tempo
Wetterspitze
2709
Valmigna
Vallming
Colle Isarco
Gossensaß
15
Pfitscher Tal
Stausee
In der Wöhr
L. Torbo/
Trüber See
Masseria
Maiern
1098
Rif.M.Cavallo
Roßkopfhütte
Flanes
Flans
Straßberg
Novale
Ried
Avenes
Afens
508
Mt. Egeten-see
Val Ridanna
Ridanna
Ridnaun
2189
M.Cavallo
Roßkopf
2189
Ceves
Tschöls
Prati
Wiesen
Val di Vizze
L. Sevagg
Wilder Se
2807
Egetensee
Plan
Telves
Telfes
.Martino
Monteneve
t.Martin am
Schneeberg
Kasten
Posch-Hs.
Mareta
Mareit
Stanga
Stange
Vipiteno/Sterzing
Vipiteno
Sterzing
948
Sengesb.
Ridnauntal
Hochspitze
2424
Autoporto
Trens
Campo di Trens
Freienfeld
Ratschingsbach
Flading
Racines
Ratschings
Val di
Höfen
Colle
Bichl
XI-IV
Casateia
Gasteig
Pruno
Elzenbaum
Flanes di Sotto
Flans
M.Altacroce
Hohe Kreuz-Sp.
2744
Ratschingstal
Calice
Kalch
Verdins
Stilves
Stilfes
38
Val Giovo
Jaufental
Val di Mezzo
Mitterthal
Mules
Mauls
P.so di Monte Giovo
Jaufenpass
(2099)
Valtina
Walten
44
Jaufenb.
Val di Sopra
Oberthal
Zinseler
2422
Dosso
Egg
Droter
Passeiertal
Gleiten
2480
P.ta di M.Giovo
Jaufenspitze
XI-V
Senneberger A.
Eggertalb.
23
Le Cave
Grasstein
E45
Stulles
Stuls
St.Johann
Grubenhof
(2214)
Penser Joch
P.so di Pennes
25
Sacco
Sack
Pianlargo
Breitleben
S.Leonardo in P.
St.Leonhard i.P.
Capp. A. Hofer
Maso d.Rena
Sandwirt
Waltenb.
Corno Bianco
Weißhorn
2705
XI-V
Laste
Asten
Puntleider See
C.no di Tramin
Tagewaldhorn
2708
Eisack
Val Passiria
S.Martino in P.
St.Martin i.P.
Guardialta
Hochwart
2746
Weißenb.
Wink
Alplerspitz
St.Johann
508
Unt.Flagger A.
Pfandler Alm
Büchele
Riobianco
Weißenbach
Pennes
Pens
Prantago
Prantach
P.d.Alpetta
Alplerspitz
Alpler-A.
Außerpens
C.ma S.Giacomo
Jakobsspitze
Flaggerbach
20
Passer
A l p i S a r e n t i n e
2752
Corno Bianco
Sarner Weißhorn
2705
2742
2517
P.ta di Quaire
Kar-Spitze
S.Orsola
Schweinsteg
Rif.Punta Cervina
Hirzer H.
2781
1983
P.Cervina
Hirzer Sp.
2261
Corvara
Rabenstein
2412
Karnspitze
C.ma di Quaira
Durnholzer See
Durnholzer B.
Valdurna
Durnholz
Prene
Prenn
Saltusio
Saltaus
Sonvigo
Aberstückl
Pensertal
Val di Pennes
Waldinger
Schalderer Bach
Videgg
Alner
C.ma S.Cassiano

132

A
B
C
1
2
3
4
5
6
5 km
3.11 mi
Glungezer H.
2725
Hirzer
Hobar-J.
2762
2643
2512
Hippold-Sp.
Zillertaler Höhenstraße
Rastkogel
Laimach
Hippach
Ramsau im Zillertal
Schwendberg
Schwendau
2278
Hollenzen
(628)
Mayrhofen
Penken 2095
Brandberg
Wattener Lizum
Sonnen-Sp. 2620
Mölssee
Torseen
Kalkwand 2826
Lanersbach
Vorder-lanersbach
Finkenberg
Haus
Ahornach
Lizumer Reckner 2886
Schranzbg.-H.
Juns
Tettens-J. 2276
Freit-hof
Persal
Jochberg
Stillup-Klamm
17%
13%
Filzen-A.
Ahorns
Edelhau
XI-V
Tux
Tuxer
Alpen
Kreuzjöchl 2536
Kellen-Sp. 2179
Dristner 2765
Stillup-speicher
Stillupptal
Zemmbach
Schleierfall
Hintertux (1493)
Madern
Kasern (1564)
Tuxer Joch-H. (2338)
Schafseiten-Sp. 2602
12%
Realspitze 3039
Dornauberg
Ginzling
Floitental
Floitenturm 2805
Hoher Riffler 3231
Friesenberghs.
13
169
Zemmtal
Zillertal
Schmirn
Entwasser
11
2541
Frauen-Wd. 3093
Kl.Kaserer
Tuxer Ferner
Keller-K. 2722
Hohe Warte 2687
X-V
12%
Gr. Ingent 2917
Alpen
3002 Gigalitz
Brennerbasistunnel in Planung
Vals
Olperer 3476
Alterer Alm
Geraer Hütte
1684
Zamser Tal
Ochsner 3107
Schwarzen-S.
Touristenrast
Hohe Kirche 2634
Schrammacher 3410
Schlegeis-speicher
Berliner H.
2390
Hohe Wand 3289
Zillertaler
Österreich
Italia
Kraxentrager 2999
Croda Alta
Schönbichler Hn. 2634
Steinmandl 3134
Schwarzenstein 3370
Sasso Nero
la Gerla
Rif. P.so di Vizze
Pfitscher-Joch-Hs.
Pfitscher Joch (2251)
Haupenhöhe 3040
Gr. Möseler 3479
Mesule
Hornkees
Rif Vitt. Veneto Schwarzen-stein-H.
Landshuter Hütte
Sasso Stein
P.so di Vizze
Schlegeis-kees
Furt-schagl-H.
Val di Vizze
Pfitscherb.
Caminata Kematen
1466
3509 Hochfeiler
Gran Pilastro
S.Giacomo St.Jakob i.Pf.
Pfitscher Tal
Rif. P.so P.te di Ghiaccio Eisbruggjoch-H.
C.ma Grava Grabspitze 3058
Eisbruggsee
Riobianco Weissenb.
In der Wöhr
P.co di Croce Wilde Kreuzspitze 3134
Brixner H.
Duner Klamm
Lappago Lappach
M.Spico Speikboden 2523
15%
Molini
L. Sevaggio/ Wilder See
Pfundersb.
Mitterhofer
Val Selva dei Molini
Selva dei Molini Mühlwald
Mühlwalder B
Sengesb.
Mittlerer See
Fundres Pfunders (1159)
M.Gruppo Hohe Grubbachspitze 2809
Val di Fundres
M.ga Fana Fanealm
Tiefrasten-H.
Großer See
Le Laste Schaldern
C.ma Piatta Plattspitze 2670
Val di Valles
Valser Bach
Wiesen-hütte
Altfaßbach
Gitsch 2512
M.Sommo Sambock 2418
Hornanger
Vallarga Weitental
Pfunderer Tal
Winnebach
Marga Margen
Pyramiden
Großberg
Valles Vals
Terento Terenten
Eisack
25
Sacco Sack
Valser Tal
Vandoies di sotto Niedervintl
Vandoies di sopra Obervintl
S.Sigismondo St.Sigmund
Falzes Pfalzen
S.Giorg St.Georg
Mezzaselva Mittewald
Maranza Meransen
1414
49
Vandoies Vintl
Villetta Dörf
Issinger Weiher
Chienes Kiens
Brunico Bruneck (835)
71
Rio di Pusteria Mühlbach
Rienz
28
Ilstra Ilstern
Sonnenburg
Spinga Spinges
777
S.Benedetto Nauders
Roner-H.
Casteldarne Ehrenburg
Floronzo Pflaurenz
Fortezza Franzensfeste
E66
Rodengo Rodeneck
Alpe di Luson
Lüsner Alpe
Mantana Montal
S.Martino St.Martin
P.ta di Quaire Kar-Spitze 2517
Vahrner See
A22
Sciaves Schabs
2196
Hörschwang
Maria Saalen
Bressanone Brixen
Naz Natz
Luson Lüsen
Rif. Prato Croce Kreuzwiesen-H.
244
Scaleres Schalders
Salern
Kloster Neustift
Val di Luson
Onies Onach
Plose
Joasenhof
Lüsener Tal
Varna Vahrn
Elvas
Longega Zwischenwasser
Pieve Enne
Bressanone Brixen (561)
S.Leonardo St.Leonhard
Dom
Petschied
Rina Welschellen

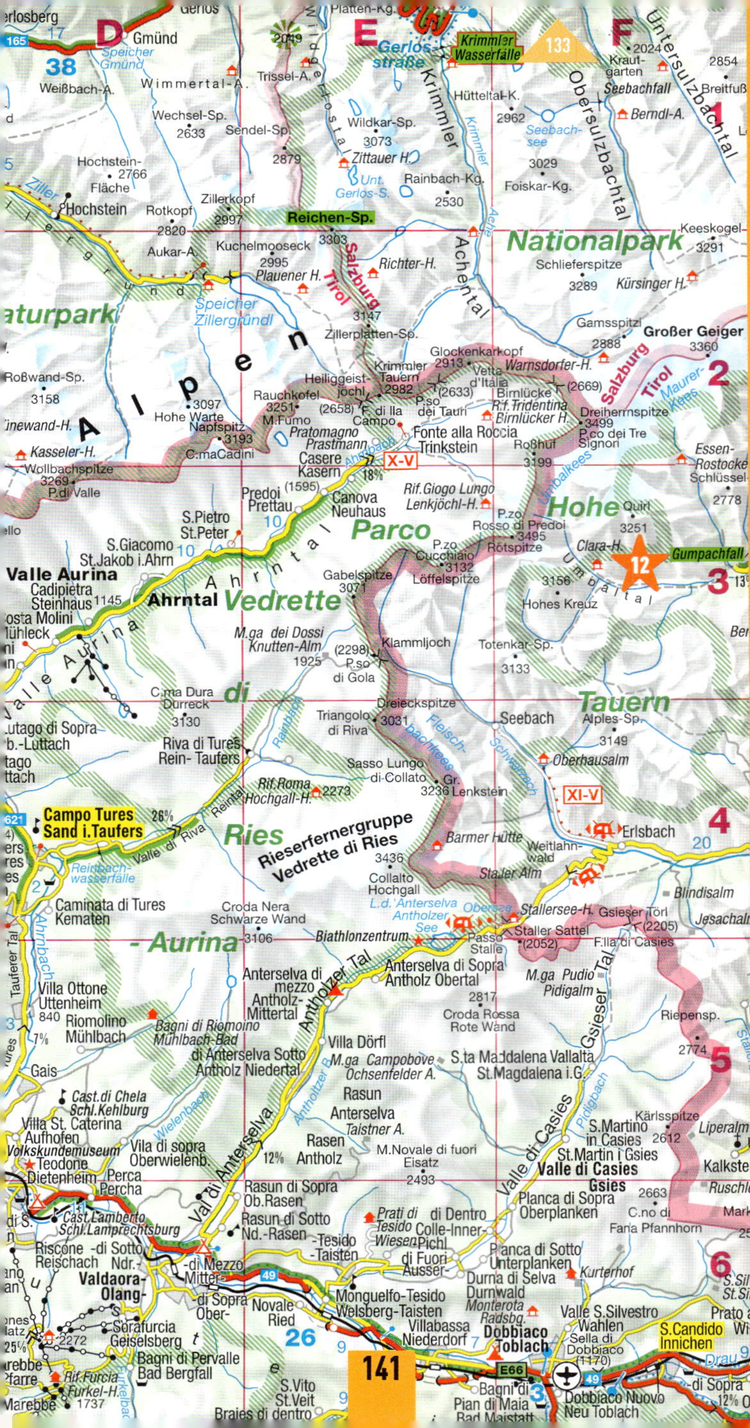
D
E
F
133
1
2
3
4
5
6
Gmünd
Speicher Gmünd
38
Weißbach-A.
Wimmertal-A.
Trissel-A.
Gerlosstraße
Krimmler Wasserfälle
Kraut-garten
2024
2854
Breitfuß
Untersulzbachtal
Seebachfall
Berndl-A.
Obersulzbachtal
Krimmler Achental
Hütteltal-K.
2962
Seebach-see
Wechsel-Sp.
2633
Sendel-Sp.
2879
Wildkar-Sp.
3073
Zittauer H.
Unt. Gerlos-S.
Rainbach-Kg.
2530
3029
Foiskar-Kg.
Hochstein-Fläche
2766
Hochstein
Ziller
Rotkopf
2820
Zillerkopf
2997
Reichen-Sp.
3303
Aukar-A.
Kuchelmooseck
2995
Plauener H.
Salzburg
Tirol
Richter-H.
Nationalpark
Keeskogel
3291
Schlieferspitze
3289
Kürsinger H.
Speicher Zillergründl
Naturpark
Zillerplatten-Sp.
3147
Gamsspitzl
2888
Großer Geiger
3360
Alpen
Roßwand-Sp.
3158
3097
Hohe Warte
Heiliggeist-jöchl
(2658)
Rauchkofel
3251
M.Fumo
Krimmler Tauern
2982
Glockenkarkopf
2913
Vetta d'Italia
(2633)
P.so dei Tauri
F. di lla Campo
Warnsdorfer-H.
Birnlücke
(2669)
R.f.Tridentina
Birnlücker H.
Dreiherrnspitze
3499
P.co dei Tre Signori
Maurer-Kees
Napfspitz
3193
C.maCadini
Pratomagno
Prastmann
Fonte alla Roccia
Trinkstein
Roßhuf
3199
Kasseler-H.
Wollbachspitze
3269
P.di Valle
Casere
Kasern
X-V
18%
Essen-Rostocker
Schlüssel
2778
Predoi
Prettau
(1595)
Canova
Neuhaus
Rif.Giogo Lungo
Lenkjöchl-H.
Umbalkees
Hohe
Quirl
3251
S.Pietro
St.Peter
S.Giacomo
St.Jakob i.Ahrn
Parco
P.zo Rosso di Predoi
3495
Rötspitze
P.zo Cucchiaio
3132
Löffelspitze
Clara-H.
12
Gumpachfall
Valle Aurina
Cadipietra
Steinhaus
1145
Ahrntal
Vedrette
Gabelspitze
3071
3156
Hohes Kreuz
Umbaltal
M.ga dei Dossi
Knutten-Alm
1925
(2298)
P.so di Gola
Klammljoch
Totenkar-Sp.
3133
Valle Aurina
C.ma Dura
Durreck
3130
di
Tauern
Dreieckspitze
Triangolo di Riva
3031
Seebach
Alples-Sp.
3149
Riva di Tures
Rein-Taufers
Rainbach
Fleischbachkees
Schwarzach
Oberhausalm
Sasso Lungo di Collato
Gr. Lenkstein
3236
Rif.Roma
Hochgall-H.
2273
XI-V
Campo Tures
Sand i.Taufers
26%
Valle di Riva
Reintal
Ries
Rieserfernergruppe
Vedrette di Ries
Barmer Hütte
Weitlahn-wald
Erlsbach
20
Reinbach-wasserfälle
3436
Collalto
Hochgall
Staller Alm
Blindisalm
Caminata di Tures
Kematen
Croda Nera
Schwarze Wand
L.d.'Anterselva
Antholzer See
Obersee
Stallersee-H.
Gsieser Törl
(2205)
Jesachalm
- Aurina
3106
Biathlonzentrum
Passo Stalle
Staller Sattel
(2052)
F.lla di Casies
Ahrnbach
Tauferer Tal
Anterselva di mezzo
Antholz-Mittertal
Antholzer Tal
Anterselva di Sopra
Antholz Obertal
M.ga Pudio
Pidigalm
Gsieser Tal
Villa Ottone
Uttenheim
840
Riomolino
Mühlbach
Bagni di Riomolino
Mühlbach-Bad
2817
Croda Rossa
Rote Wand
Riepensp.
7%
Villa Dörfl
2774
Gais
di Anterselva Sotto
Antholz Niederdtal
M.ga Campobove
Ochsenfelder A.
S.ta Maddalena Vallalta
St.Magdalena i.G.
Pidigbach
Cast.di Chela
Schl.Kehlburg
Rasun
Anterselva
Taistner A.
Karlsspitze
2612
S.Martino in Casies
St.Martin i.Gsies
Liperalm
Villa St. Caterina
Aufhofen
Wielenbach
Rasen
Antholz
M.Novale di fuori
Eisatz
2493
Valle di Casies
Gsies
Kalkstein
Volkskundemuseum
Teodone
Dietenheim
Vila di sopra
Oberwielenb.
12%
Val di Anterselva
Perca
Percha
Rasun di Sopra
Ob.Rasen
Planca di Sopra
Oberplanken
2663
C.no di Fana
Pfannhorn
Ruschle
Cast.Lamberto
Schl.Lamprechtsburg
Rasun di Sotto
Nd.-Rasen
Prati di Tesido
Wiesen
di Dentro Colle-Inner-Pichl
Riscone
Reischach
-di Sotto Ndr.-
-Tesido -Taisten
di Fuori Ausser-
Planca di Sotto
Unterplanken
Kurterhof
Valdaora-Olang-
-di Mezzo Mitter-
49
-di Sopra Ober-
Novale Ried
Monguelfo-Tesido
Welsberg-Taisten
Durna di Selva
Durnwald
Monterota Radsbg.
Valle S.Silvestro
Wahlen
Prato
S.Candido
Innichen
Sorafurcia
Geiselsberg
2272
26
9
Villabassa
Niederdorf
Dobbiaco
Toblach
7
Sella di Dobbiaco
(1170)
Drau
Bagni di Pervalle
Bad Bergfall
Rif.Furcia
Furkel-H.
1737
Marebbe
E66
Bagni di Pian di Maia
Bad Maistatt
Dobbiaco Nuovo
Neu Toblach
-di Sopra
12%
S.Vito
St.Veit
Braies di dentro

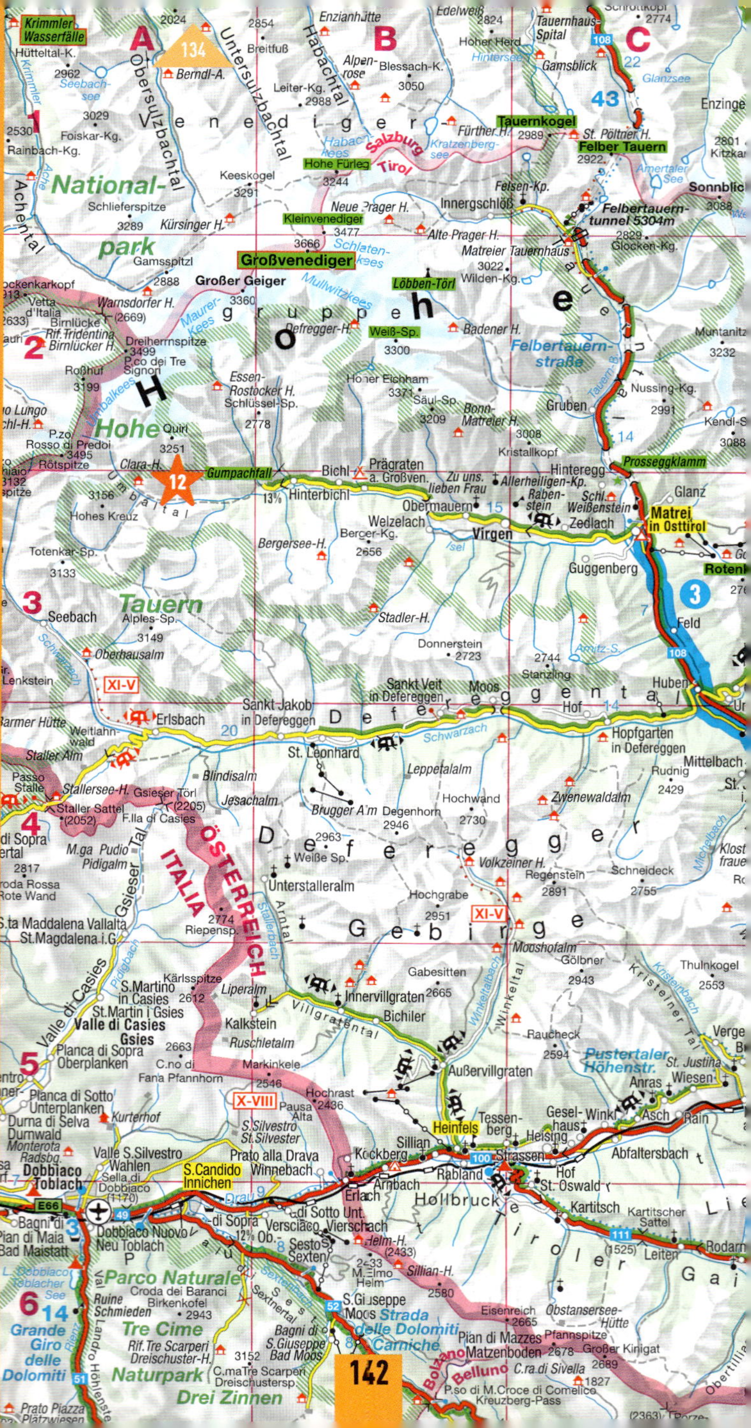

134
A
B
C
Krimmler Wasserfälle
Hütteltal-K.
Berndl-A.
Untersulzbachtal
Obersulzbachtal
Habachtal
Enzianhütte
Edelweiß
Tauernhaus-Spital
Schrottkopf
2774
Hoher Herd
Hintersee
Gamsblick
Glanzsee
Enzinge
Alpenrose
Blessach-K.
Leiter-Kg.
Breitfuß
Seebachsee
Krimmler Ache
Foiskar-Kg.
Rainbach-Kg.
Venediger
Salzburg
Tirol
Habachkees
Hohe Fürleg
Fürther H.
Tauernkogel
St. Pöltner H.
Felber Tauern
Kratzenbergsee
Amertaler See
Sonnblick
Kitzkar
National-
park
Achental
Schlieferspitze
Kürsinger H.
Keeskogel
Neue Prager H.
Innergschlöß
Felsen-Kp.
Felbertauern-tunnel 5304m
Glocken-Kg.
Kleinvenediger
Alte Prager H.
Matreier Tauernhaus
Wilden-Kg.
Großvenediger
Schlatenkees
Gamsspitzl
Großer Geiger
Mullwitzkees
Löbben-Törl
Warnsdorfer H.
Vetta d'Italia
Birnlücke
Rif. Tridentina
Birnlücker H.
Maurerkees
Dreiherrnspitze
P.co dei Tre Signori
Defregger-H.
Weiß-Sp.
Badener H.
Felbertauernstraße
Muntanitz
Roßhuf
Umbalkees
Essen-Rostocker H.
Schlüssel-Sp.
Hoher Eichham
Säul-Sp.
Bonn-Matreier H.
Gruben
Nussing-Kg.
Kendl-S
Pizzo Lungo
Hohe
Quirl
Rosso di Predoi
Rötspitze
Clara-H.
Gumpachfall
Umbaltal
Bichl
Prägraten a. Großven.
Hinterbichl
Zu uns. lieben Frau
Obermauern
Allerheiligen-Kp.
Kristallkopf
Hinteregg
Prosseggklamm
Rabenstein
Schl. Weißenstein
Glanz
Matrei in Osttirol
Zedlach
Hohes Kreuz
Welzelach
Virgen
Isel
Berger-Kg.
Bergersee-H.
Totenkar-Sp.
Guggenberg
Rotenk
Seebach
Tauern
Alples-Sp.
Oberhausalm
Stadler-H.
Feld
Schwarzach
Donnerstein
Stanzling
Amitz-S.
Lenkstein
XI-V
Sankt Veit in Defereggen
Moos
Defereggental
Hof
Huben
Erlsbach
Sankt Jakob in Defereggen
Barmer Hütte
Weitlahnwald
Staller Alm
St. Leonhard
Hopfgarten in Defereggen
Mittelbach
Passo Stalle
Stallersee-H.
Blindisalm
Leppetalalm
Rudnig
Gsieser Törl
Jesachalm
Hochwand
Zwenewaldalm
Staller Sattel
F.lla di Casies
Brugger Alm
Degenhorn
Österreich
Italia
Gsieser Tal
Defregger
Weiße Sp.
Volkzeiner H.
Regenstein
Schneideck
Klostfraue
Michelbach
M.ga Pudio
Pidigalm
Unterstalleralm
Roda Rossa
Rote Wand
Arntal
Stallerbach
Hochgrabe
S.ta Maddalena Vallalta
St.Magdalena i.G.
Riepensp.
Gebirge
Mooshofalm
Gölbner
Thulnkogel
Kristeiner Tal
Kristeinbach
Gabesitten
Kärlsspitze
S.Martino in Casies
St.Martin i Gsies
Valle di Casies
Gsies
Liperalm
Innervillgraten
Bichiler
Villgratental
Winkeltal
Winkeltalbach
Pidigbach
Kalkstein
Ruschletalm
Raucheck
Pustertaler Höhenstr.
St. Justina
Verge
Planca di Sopra
Oberplanken
C.no di Fana
Pfannhorn
Markinkele
Außervillgraten
Anras
Wiesen
Planca di Sotto
Unterplanken
Durna di Selva
Durnwald
Monterota
Radsbg.
Kurterhof
XI-VIII
Hochrast
Pausa Alta
S.Silvestro
St.Silvester
Heinfels
Tessenberg
Gesel-haus
Winkl
Asch
Rain
Valle S.Silvestro
Wahlen
Sillian
Heising
Prato alla Drava
Winnebach
Kockberg
Strassen
Abfaltersbach
Dobbiaco
Toblach
Sella di Dobbiaco
S.Candido
Innichen
Drau
Arnbach
Rabland
Hof
St. Oswald
Erlach
Hollbruck
E66
Bagni di Pian di Maia
Bad Maistatt
di Sopra
Versciaco Ob.
di Sotto
Vierschach
Unt.
Helm-H.
Kartitsch
Kartitscher Sattel
Dobbiaco Nuovo
Neu Toblach
Sesto
Sexten
Tiroler
Leiten
Rodarn
Gai
L. Dobbiaco
Toblacher See
Parco Naturale
Croda dei Baranci
Birkenkofel
M. Elmo
Helm
Sillian-H.
Ruine Schmieden
S.Giuseppe
Moos
Strada delle Dolomiti
Eisenreich
Obstansersee-Hütte
Grande Giro delle Dolomiti
Tre Cime
Rif. Tre Scarperi
Dreischuster-H.
Bagni di S.Giuseppe
Bad Moos
Carniche
Pian di Mazzes
Matzenboden
Pfannspitze
Großer Kinigat
Naturpark
Drei Zinnen
C.ma Tre Scarperi
Dreischusterp.
Bolzano
Belluno
C.ra di Sivella
P.so di M.Croce di Comelico
Kreuzberg-Pass
Prato Piazza
Plätzwiesen
Sextental
Sextenbach
Landro Höhlenstein
Rienz

Gletscherbahn Kaprun
D
Kitzsteinhorn
Limberg-Sperre
Stausee Wasserfallboden
Hoher Tenn 3368
E 39
XI-IV
Bad Fusch
Breiteben-K. 2236
135
F Wörth
5 km
3.11 mi
Kram-Kg. 2454
Heidnische Kirche
Hocheiser 3206
Gr. Wiesbachhorn 3564
Ferleiten
Stausee Mooserboden
Tauernmoossee
2764 Schwarzkopf
2325 Leiterkopf
Bucheben
1
Türchlwand 2577
Ht. Schafbichl
Rudolfs-H.
National-
Karlinger-kees
Großer Bärenkopf 3401
Baumgartlkopf 2621
Gruber-A.
Edlenkopf 2924
XI-V
Edelweißspitze 2571
Hohe Riffl 3338
(2518)
Tauern
Glocknergruppe
Pasterzenboden
Oberwalder H. 3331
Dr.-Franz-Rehrl-Haus
Goldberg-gruppe
Mittertörl 2373
Ritterkopf 3006
11
Eisködele 3434
Fuscher-Kar-K.
3018
Brenn-Kg.
Großglockner-Hochalpenstraße
Silberpfennig 2600
Hofmanns-H.
Pasterze
Naßfeld-Stausee
Salzburg
Kärnten
3254 Hocharn
Großglockner 3798
Adlersruhe
Erzh.-Johann-H. 3454
Gletscherbahn
2362
3092
XI-IV
2576
Hochtor (2506)
Lacheggklamm
Ammererhof Naturfr.-Hs.
XI-V
Franz-Josefs-Höhe
2592 Schareck
Barbarafall
2
park
Stüdl-H.
Schwerteck 3247
Margaritzenstausee
12%
Hoher Sonnblick 3105
Salm-H.
Leiter-Fall
Goldwaschanlage
Zittel-Hs.
Schareck 3122
Ochsner-H.
St. Vinzenz
Heiligenblut a.Gr. (1291)
Sand-K. 3090
Luckner-H.
Fiegerhorn 2744
Glorer-H.
Hochwurtenspeicher
Duisburger H.
16%
Großsee
Burg
XI-V
Tirol
Kärnten
Wirtsbauer-A.
Hohe
Kreuz-K. 2497
Aichhorn
Stockmühlen
Kals am Großglockner
Böses Weibl 3121
Karlkamp 3114
Jungfernsprung
Apriach
Mölltaler Gletscherbahn
2855
Lesach
Lesach-Riegel-H.
Putschall
Rote Wand
Roter Knopf 3281
Elberfelder H.
Goldbergbaumus.
Großkirchheim
Döllach
3
Gr. Horn-K. 3251
Gras-K. 2620
Heimatmuseum
Mohar 2604
Sadnig-H.
Lesachalmhütte
Sagritz
Fraganter Hütte
Schobergruppe
Ad.-Noßberger-H.
Petzeck 3283
Glocknerblick
Hochschober 3242
Tauern
Sadnig 2745
2440 Klenitzen
Wangenitzsee
31
Lienzer H.
Mörtschach
Melenkopf 2597
Stranach
Alkuser See
Unterleibnig
Schleinitz 2905
Debantbach
Lassach
Rettenbach
Straßboden
St. Maria i.d.Au
Zellin-Kopf 2595
Gußnigberg
Gwabl
Schl. Weiherburg
Unteralkus
2401 Raneralmhütte
Schwersberg
Marterle
Schlaiten
Winklern
Stein
Wiesbaueralm
Tresdorf
Latzendorf
4
Felbertauernstraße
Ainet
11
St. Helena
Rangersdorf
19
Lobersberg
Lamnitz
Glanz
Oberdrum
Reintal
Freilichtmuseum
Thurn
Obergaimberg
Iselsberg
Lainach
Böses Weibele 2521
Oberlienz
Grafendorf
Gaimberg
1204
Zwischenbergen
Marnkasern
Schl. Bruck
Patriasdorf
Untergaimbg.
Nußdorf
Iselsberg-Stronach
Hochstein 2057
Dölsach
10
Hochsteinhütte
3
Lienz (673)
Debant
Gödnach
Kärnten
Tirol
Wildhorn 2503
Hugo-Gerbers-Hütte
Leisach
Tristach
Görtschach
Ziethenk. 2484
Bannberg
Amlach
Tristacher See
Lengberg
Lindsberg
Wildpark
Dörfl
Burgfrieden
E66
Lavant
Michelsberg
Penzendorf
Lienzer Klause
Nikolsdorf
Hinterberg
5
Galitzenklamm
Lienzer Dolomiten-Hütte
Röm. Ausgrabung
14
Nörsach
Strieden
Thal
25
Spitzkofel 2718
Gr. Sandspitze 2772
Vorderberg
Hochstadel 2680
Ober-pirkbach
St. Leonhard
Zwickenberg
Karlsbader Hütte
Hochstadelhaus
Kreuzkofel 2694
Kerschbaumeralm-Schutzhütte
Simmerlach
Irschen
Unterpirkbach
Tamerlanhöhe 2377
Dolomiten
Flaschberg
Oberdrauburg
Otting
2590 Eggenkofel
Alm 1981
Schartenalm
Schröttelhofalm
Tuffbad
Wassermühlen
Lesachtal
Schätzbichl 2090
Gailberg
11
Gailtaler Alpen
Obertilliach
44
Untertilliach
Guggenberg
2286 Lumkofel
Gailberg-sattel (981)
Bergen
Maria Luggau
St. Lorenzen i. Lesachtal
Assing
Gailbergsattelstraße
6
Karnische Dolomitenstr.
Raut
Sterzen
Frohn
Liesing
R. Pittersberg
Laas
Lesachtal
Obergail
Mattling
Kornat
Podlanig
St. Jakob
St. Andreas
Birnbaum
Strajach
Kötschach-Mauthen
Unsere l. Fr.
Tirol
Kärnten
Nostra
Gentschach
Mandorf
Wodmaier
Sittmoos
Karnische Dolomitenstr.
Mauthen
Hochspitz 2580
Zwölferspitze 2593
Ingridhütte
Frohntal
Mauthner Alm 1782
Lamprecht
Würmlach

KARTENLEGENDE

Autobahn mit Anschlussstelle und Anschlussnummern	Viernheim 45 45 36 24 12	Motorway with junction and junction number
Autobahn in Bau mit voraussichtlichem Fertigstellungsdatum	Datum Date	Motorway under construction with expected date of opening
Rasthaus mit Übernachtung · Raststätte	Kassel	Hotel, motel · Restaurant
Kiosk · Tankstelle		Snackbar · Filling-station
Autohof · Parkplatz mit WC	P	Truckstop · Parking place with WC
Autobahn-Gebührenstelle		Toll station
Autobahnähnliche Schnellstraße		Dual carriageway with motorway characteristics
Fernverkehrsstraße		Trunk road
Verbindungsstraße		Main road
Nebenstraßen		Secondary roads
Fahrweg · Fußweg		Carriageway · Footpath
Gebührenpflichtige Straße		Toll road
Straße für Kraftfahrzeuge gesperrt		Road closed for motor vehicles
Straße für Wohnanhänger gesperrt		Road closed for caravans
Straße für Wohnanhänger nicht empfehlenswert		Road not recommended for caravans
Autofähre · Autozug-Terminal		Car ferry · Autorail station
Hauptbahn · Bahnhof · Tunnel		Main line railway · Station · Tunnel
Besonders sehenswertes kulturelles Objekt	Neuschwanstein	Cultural site of particular interest
Besonders sehenswertes landschaftliches Objekt	Breitachklamm	Landscape of particular interest
MARCO POLO Erlebnistour 1		MARCO POLO Discovery Tour 1
MARCO POLO Erlebnistouren		MARCO POLO Discovery Tours
MARCO POLO Highlight	1	MARCO POLO Highlight
Landschaftlich schöne Strecke		Route with beautiful scenery
Touristenstraße	Hanse-Route	Tourist route
Museumseisenbahn		Tourist train
Kirche, Kapelle · Kirchenruine Kloster · Klosterruine		Church, chapel · Church ruin Monastery · Monastery ruin
Schloss, Burg · Burgruine Turm · Funk-, Fernsehturm		Palace, castle · Castle ruin Tower · Radio or TV tower
Leuchtturm · Windmühle Denkmal · Soldatenfriedhof		Lighthouse · Windmill Monument · Military cemetery
Ruine, frühgeschichtliche Stätte · Höhle Hotel, Gasthaus, Berghütte · Heilbad		Archaeological excavation, ruins · Cave Hotel, inn, refuge · Spa
Campingplatz · Jugendherberge Schwimmbad, Erlebnisbad, Strandbad · Golfplatz		Camping site · Youth hostel Swimming pool, leisure pool, beach · Golf-course
Botanischer Garten, sehenswerter Park · Zoologischer Garten		Botanical gardens, interesting park · Zoological garden
Bedeutendes Bauwerk · Bedeutendes Areal		Important building · Important area
Verkehrsflughafen · Regionalflughafen		Airport · Regional airport
Flugplatz · Segelflugplatz		Airfield · Gliding site
Boots- und Jachthafen		Marina

FÜR IHRE NÄCHSTE REISE ...

ALLE **MARCO POLO** REISEFÜHRER

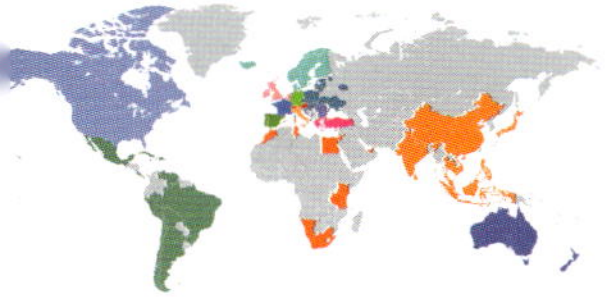

DEUTSCHLAND
Allgäu
Bayerischer Wald
Berlin
Bodensee
Chiemgau/ Berchtesgadener Land
Dresden/ Sächsische Schweiz
Düsseldorf
Eifel
Erzgebirge/ Vogtland
Föhr & Amrum
Franken
Frankfurt
Hamburg
Harz
Heidelberg
Köln
Lausitz/Spreewald/ Zittauer Gebirge
Leipzig
Lüneburger Heide/ Wendland
Mecklenburgische Seenplatte
Mosel
München
Nordseeküste Schleswig-Holstein
Oberbayern
Ostfriesische Inseln
Ostfriesland/Nordseeküste Niedersachsen/Helgoland
Ostseeküste Mecklenburg-Vorpommern
Ostseeküste Schleswig-Holstein
Pfalz
Potsdam
Rheingau/ Wiesbaden
Rügen/Hiddensee/ Stralsund
Ruhrgebiet
Schwarzwald
Stuttgart
Sylt
Thüringen
Usedom
Weimar

ÖSTERREICH SCHWEIZ
Kärnten
Österreich
Salzburger Land
Schweiz
Steiermark
Tessin
Tirol
Wien
Zürich

FRANKREICH
Bretagne
Burgund
Côte d'Azur/ Monaco
Elsass
Frankreich
Französische Atlantikküste
Korsika
Languedoc-Roussillon
Loire-Tal
Nizza/Antibes/ Cannes/Monaco
Normandie
Paris
Provence

ITALIEN MALTA
Apulien
Dolomiten
Elba/Toskanischer Archipel
Emilia-Romagna
Florenz
Gardasee
Golf von Neapel
Ischia
Italien
Italienische Adria
Italien Nord
Italien Süd
Kalabrien
Ligurien/ Cinque Terre
Mailand/ Lombardei
Malta & Gozo
Oberital. Seen
Piemont/Turin
Rom
Sardinien
Sizilien/ Liparische Inseln
Südtirol
Toskana
Venedig
Venetien & Friaul

SPANIEN PORTUGAL
Algarve
Andalusien
Barcelona
Baskenland/ Bilbao
Costa Blanca
Costa Brava
Costa del Sol/ Granada
Fuerteventura
Gran Canaria
Ibiza/Formentera
Jakobsweg Spanien
La Gomera/ El Hierro
Lanzarote
La Palma
Lissabon
Madeira
Madrid
Mallorca
Menorca
Portugal
Spanien
Teneriffa

NORDEUROPA
Bornholm
Dänemark
Finnland
Island
Kopenhagen
Norwegen
Oslo
Schweden
Stockholm
Südschweden

WESTEUROPA BENELUX
Amsterdam
Brüssel
Dublin
Edinburgh
England
Flandern
Irland
Kanalinseln
London
Luxemburg
Niederlande
Niederländische Küste
Schottland
Südengland

OSTEUROPA
Baltikum
Budapest
Danzig
Krakau
Masurische Seen
Moskau
Plattensee
Polen
Polnische Ostseeküste/ Danzig
Prag
Slowakei
St. Petersburg
Tallinn
Tschechien
Ungarn
Warschau

SÜDOSTEUROPA
Bulgarien
Bulgarische Schwarzmeerküste
Kroatische Küste Dalmatien
Kroatische Küste Istrien/Kvarner
Montenegro
Rumänien
Slowenien

GRIECHENLAND TÜRKEI ZYPERN
Athen
Chalkidiki/ Thessaloniki
Griechenland Festland
Griechische Inseln/ Ägäis
Istanbul
Korfu
Kos
Kreta
Peloponnes
Rhodos
Samos
Santorin
Türkei
Türkische Südküste
Türkische Westküste
Zákinthos/Itháki/ Kefalloniá/Léfkas
Zypern

NORDAMERIKA
Chicago und die Großen Seen
Florida
Hawai'i
Kalifornien
Kanada
Kanada Ost
Kanada West
Las Vegas
Los Angeles
New York
San Francisco
USA
USA Ost
USA Südstaaten/ New Orleans
USA Südwest
USA West
Washington D.C.

MITTEL- UND SÜDAMERIKA
Argentinien
Brasilien
Chile
Costa Rica
Dominikanische Republik
Jamaika
Karibik/ Große Antillen
Karibik/ Kleine Antillen
Kuba
Mexiko
Peru & Bolivien
Yucatán

AFRIKA UND VORDERER ORIENT
Ägypten
Djerba/ Südtunesien
Dubai
Israel
Jordanien
Kapstadt/ Wine Lands/ Garden Route
Kapverdische Inseln
Kenia
Marokko
Namibia
Rotes Meer & Sinai
Südafrika
Tansania/Sansibar
Tunesien
Vereinigte Arabische Emirate

ASIEN
Bali/Lombok/Gilis
Bangkok
China
Hongkong/Macau
Indien
Indien/Der Süden
Japan
Kambodscha
Ko Samui/ Ko Phangan
Krabi/ Ko Phi Phi/ Ko Lanta
Malaysia
Nepal
Peking
Philippinen
Phuket
Shanghai
Singapur
Sri Lanka
Thailand
Tokio
Vietnam

INDISCHER OZEAN UND PAZIFIK
Australien
Malediven
Mauritius
Neuseeland
Seychellen

Viele MARCO POLO Reiseführer gibt es auch als eBook – und es kommen ständig neue dazu!
Checken Sie das aktuelle Angebot einfach auf: www.marcopolo.de/e-books

REGISTER

In diesem Register sind alle in diesem Führer erwähnten Orte, Bahnen, Täler, Ausflugsziele und wichtige Personen verzeichnet. Gefettete Seitenzahlen verweisen auf den Haupteintrag.

SCHREIBEN SIE UNS!

Egal, was Ihnen Tolles im Urlaub begegnet oder Ihnen auf der Seele brennt, lassen Sie es uns wissen! Ob Lob, Kritik oder Ihr ganz persönlicher Tipp – die MARCO POLO Redaktion freut sich auf Ihre Infos.
Wir setzen alles dran, Ihnen möglichst aktuelle Informationen mit auf die Reise zu geben. Dennoch schleichen sich manchmal Fehler ein – trotz gründlicher Recherche unserer Autoren/innen. Sie haben sicherlich Verständnis, dass der Verlag dafür keine Haftung übernehmen kann.

MARCO POLO Redaktion
MAIRDUMONT
Postfach 31 51
73751 Ostfildern
info@marcopolo.de

IMPRESSUM
Titelbild: Berwang (Schapowalow: G. Gräfenhain)
Fotos: Die Tafeldecker Gastronomie GmbH (18 M.); DuMont Bildarchiv: Bernhart (4 u., 62/63, 70, 78, 112, 118/119), Spitta (17, 58, 74, 80, 119); Getty Images: T. Graham (4 o., 31, 32/33), M. Harrington (3); Getty Images/Cultura (114/115); huber-images: Eisele-Hein (50, 120 u.), Gräfenhain (45), Kolley (20/21), Leimer (5, 76/77), Römmelt (2, 94/95), R. Schmid (12/13, 38/39, 48/49, 86/87), G. Simeone (42), R. Spila (53), Stanciu (14/15); G. Jung (28 l., 30, 92/93, 110/111); Klumperverein Tulfes: Wolfram Klaushofer (18 u.); Laif: T. Gerber (126/127), S. Zuder (Klappe r.); Laif/Aurora: Georgi (11); Laif/hemis.fr: Rieger (61); Look: Ph. Koschel (54), Limberger (69), A. Strauss (64, 99, 102); Look/age fotostock (46); mauritius images: P. Lehner (90, 120 o.), L. Mallaun (24, 56), Pinn (7), Weinhäupl (85); mauritius images/imagebroker: Bahnmüller (117), FB-Fischer (8), M. Siepmann (Klappe l., 41), Ch. Vorhofer (109), Zwerger-Schoner (34); mauritius images/Westend61 (37); MPREIS Warenvertriebs GmbH/simonrainer.com (19 u.); L. Niesner (1 u.); picture-alliance: U. Bernhart (73); Schapowalow: G. Gräfenhain (1 o.); T. Stankiewicz (6, 10, 23, 26/27, 28 r., 66, 83, 88, 118, 121); Tauchen in Tirol: Dieter Kuchling (19 o.); vario images/Westend61 (9); E. Wrba (29, 30/31, 59); z o t t e r Schokoladen Manufaktur GmbH (18 o.)

11. Auflage 2016
Komplett überarbeitet und neu gestaltet

Chefredaktion: Marion Zorn; Autor: Andreas Lexer; Koautor: Uwe Schwinghammer; Redaktion: Jens Bey
Verlagsredaktion: Tamara Hub, Ann-Katrin Kutzner, Nikolai Michaelis, Kristin Schimpf, Martin Silbermann; Bildredaktion: Gabriele Forst, Anja Schlatterer
Im Trend: wunder media, München
Kartografie Reiseatlas: © MAIRDUMONT, Ostfildern; Kartografie Faltkarte: © MAIRDUMONT, Ostfildern
Gestaltung Cover, S. 1, S. 2/3, Faltkartencover: Karl Anders – Büro für Visual Stories, Hamburg; Gestaltung innen: milchhof:atelier, Berlin; Gestaltung Erlebnistouren: Susan Chaaban Dipl.-Des. (FH)

Printed in China

FSC www.fsc.org MIX Paper from responsible sources FSC® C011918

BLOSS NICHT

Worauf Sie bei Ihrem Tirolbesuch achten sollten

DIE GEBIRGSTAUGLICHKEIT ÜBERSCHÄTZEN

Die häufigste Todesursache im Gebirge ist der Herzinfarkt beim Wandern. Viel zu oft überschätzen sich Wanderer, Ungeübte sollten deshalb ihre Route so planen, dass immer ein Einkehren möglich ist. Mindestens einmal jede Stunde empfiehlt sich eine Pause, und für den Anfang sollten Sie sich bei der Streckenwahl auf einfache Routen beschränken. Turnschuhe sind für Wanderungen nicht geeignet! Knöchelhohe Schuhe sollten es sein, die dem Fuß guten Halt geben. Und denken Sie immer an passende Kleidung – das Wetter kann sehr schnell umschlagen.

DIE GESICHERTE PISTE VERLASSEN

Auch wenn jungfräuliche Tiefschneehänge locken – Pistenbegrenzungen werden nicht zum Spaß aufgestellt. Manchmal wird auf kleinsten Hängen eine Lawine ausgelöst, und der kann man nicht davonfahren. Jedes Jahr kommen Dutzende Menschen in Tirol durch Leichtsinnigkeit unter Lawinen ums Leben. Sollten Sie eine Skitour planen, erkundigen Sie sich beim Lawinenwarndienst: *lawine.tirol.gv.at*

GESCHÜTZTE PFLANZEN PFLÜCKEN

Die einmalige Geografie Tirols bedingt auch eine einmalige Pflanzenwelt. Aus diesem Grund sollten Sie auf Ihren Wanderungen und Ausflügen keinesfalls Edelweiß, Enzian oder Alpenrosen pflücken. Informieren Sie sich im Tourismusbüro, welche Gewächse unter Naturschutz stehen! Auch Pilze sollten Sie mit Maß sammeln: Nur zwischen 7 und 19 Uhr darf man maximal 2 kg Pilze pro Person pflücken!

KÜHE UNTERSCHÄTZEN

Weil es in den letzten Jahren zu einigen schweren Unfällen mit Weidevieh gekommen ist, sollten Sie die Empfehlungen der Landwirtschaftskammer ernst nehmen. Kommen Sie den Tieren nicht zu nahe und streicheln oder füttern Sie vor allem Kälber nicht. Zeigt eine Herde Unruhe, halten Sie unbedingt Abstand und Hunde angeleint und in sicherer Entfernung von den Tieren. Sollte eine Kuh zum Angriff übergehen, lassen Sie den Hund von der Leine, bewahren Sie Ruhe und versetzen Sie nur im äußersten Notfall dem Tier mit einem Stock einen Schlag auf die Nase.

MIT SOMMERREIFEN UNTERWEGS SEIN

In Österreich herrscht Winterreifenpflicht, und so rüstet auch jeder Tiroler sein Auto spätestens Anfang Oktober entsprechend um. Vor allem auf höher gelegenen Straßen können Sie ab dann nämlich sehr leicht von einer schneebedeckten Fahrbahn überrascht werden, oft sogar schon im September. Sie sollten also nicht nur Schneeketten im Auto haben, sondern auch wissen, wie man sie anlegt, da viele Zufahrten zu den Skigebieten oft Winterausrüstung erfordern. Vor Anfang April wechselt in Tirol niemand die Winterreifen.